••• Títulos relacionados

HOTA0108 OPERACIONES BÁSICAS
DE PISOS EN ALOJAMIENTOS

[DISPONIBLE CERTIFICADO COMPLETO]

Solicítalos en: • Librería
                  • www.paraninfo.es
                  • Solicitudes nacionales +34 914 463 350
                  • Solicitudes fuera de España +34 913 308 907, +34 913 308 919

Planchado y arreglo de ropa en alojamientos
MF0708_1

Rosa Mary Pimentel García

© 2024 Ediciones Paraninfo, S. A.
© 2024 Rosa Mary Pimentel García

Maquetación: Ediciones Nobel, S. A.

Impresión: Liberdigital (Casarrubuelos, Madrid)

ISBN: 978-84-283-6431-7
Depósito legal: M-18008-2024

Impreso en España

Rosa Mary Pimentel García es técnico superior en Alojamientos y técnico superior en Administración. Además de su experiencia laboral como gobernanta de hotel, durante más de diez años se ha dedicado a la docencia dentro de las familias de Servicios Socioculturales y a la Comunidad y Hostelería y Turismo, siempre enfocada al departamento de limpieza.

Por otra parte, a lo largo de esos diez años también ha impartido formación específica para trabajadores ocupados relacionada con la atención al cliente, organización del trabajo y técnicas específicas de limpieza.

Actualmente es responsable de equipo en una empresa multinacional de servicios.

Índice

6. Normativa de seguridad, higiene y salud en los procesos de planchado y arreglo de ropa propios de establecimientos de alojamiento 143

Glosario de términos 169

Introducción normativa

La Ley Orgánica 3/2022, de 31 de marzo, de ordenación e integración de la Formación Profesional, contiene una disposición derogatoria única que afecta a la regulación de los certificados de profesionalidad, ahora denominados **Certificados Profesionales**. La referida normativa deroga la Ley Orgánica 5/2002, de 19 de junio, de las Cualificaciones y de la Formación Profesional, y abre un escenario de cambios que se irán implementando progresivamente.

La Ley Orgánica 3/2022, de 31 de marzo, de ordenación e integración de la Formación Profesional implica que toda la formación es acumulable. La oferta formativa se estructura de forma escalonada, siendo los Certificados Profesionales un nivel intermedio (Grado C) de una escala que va desde el Grado A hasta el E.

En los artículos 35 a 38 de la Ley 3/2022 se describe en qué consisten estos Certificados Profesionales: su oferta, formación asociada, estructura, duración, acceso, titulación y validez. Posteriormente, esta normativa se completa con lo dispuesto en el Real Decreto 659/2023, de 18 de julio, que desarrolla la ordenación del sistema de Formación Profesional. Concretamente en los artículos 67 a 81 es donde se hace referencia a la oferta formativa de Grado C, correspondiente a los Certificados Profesionales.

Están agrupados en 26 familias profesionales con características comunes del sector. En la actualidad hay más de medio millar de Certificados Profesionales incluidos en el Repertorio Nacional. Esta cifra no deja de crecer. Además, cada certificado está específicamente regulado por un real decreto.

Un Certificado Profesional corresponde al Grado C de la oferta del Sistema de Formación Profesional. Es un documento oficial, con validez en todo el territorio nacional y debe constar en el Catálogo Nacional de Ofertas de Formación Profesional, que certifica la capacitación para el desarrollo de una actividad profesional.

Debe detallar los módulos profesionales superados y los estándares de competencia profesional asociados a él e incluidos en el **Catálogo Nacional de Estándares de Competencias Profesionales**, así como su correspondencia con el Marco Español de Cualificaciones.

Despliegan su validez en un doble ámbito, laboral y académico:

- En el contexto laboral tienen validez profesional, porque acreditan las competencias en una determinada profesión. Para poder trabajar en algunas profesiones, se exigen determinadas cualificaciones, y los certificados sirven para acreditarlas.

- Asimismo, tienen validez académica, puesto que permiten continuar un itinerario formativo siempre que se cumplan los requisitos de acceso para cursar la titulación deseada. De tal modo que, los Certificados Profesionales que sean parte de un Grado D permitirán la matrícula modular para completar los módulos establecidos en el currículo y obtener el correspondiente título de técnico básico, técnico o técnico superior con validez en todo el territorio nacional.

Para obtener un Certificado Profesional (Grado C) es preciso cumplir con los requisitos de acceso para realizar la formación.

Estructura de los Certificados Profesionales

I. Identificación: denominación, familia y área profesional a la que pertenecen; nivel de cualificación profesional (1, 2 o 3); cualificación profesional de referencia; entorno profesional y módulos formativos que esté previsto cursar junto con la duración de cada uno de ellos.

II. Perfil profesional: incluye las competencias profesionales requeridas en el mercado laboral. En todas ellas se concretan las realizaciones profesionales y los criterios de realización.

III. Formación: describe los módulos formativos que esté previsto cursar para adquirir las competencias requeridas. En cada uno de ellos se indican las capacidades que se pretende alcanzar y la duración del módulo de prácticas no laborales —PNL—, para el que cabe solicitar exención si se cumplen determinados requisitos.

IV. Prescripciones de las personas formadoras.

V. Requisitos mínimos de espacios, instalaciones y equipamiento.

Los Certificados Profesionales se identifican con una denominación concreta y un código alfanumérico propio, y sirven para acreditar una determinada cualificación profesional. Cada certificado está asociado a una relación de unidades de competencia que, a su vez, se vinculan con una serie de módulos formativos específicos. Algunos módulos están integrados por unidades formativas y tanto unos como otras son, en ocasiones, transversales, lo que significa que se trata de contenidos incluidos en más de un Certificado Profesional.

Los Certificados Profesionales se articulan en tres niveles de competencia profesional (1, 2 y 3) conforme a lo dispuesto en el que será el Catálogo Nacional de Estándares de Competencias Profesionales, anteriormente Catálogo Nacional de Cualificaciones Profesionales (CNCP), según los criterios establecidos de conocimientos, iniciativa, autonomía y complejidad de las tareas, en cada una de las ofertas de Formación Profesional.

La oferta formativa dirigida a la obtención de los Certificados Profesionales tiene carácter modular para favorecer la acreditación parcial acumulable de la formación recibida y posibilitar así el avance en el itinerario de Formación Profesional para cualquiera que sea la situación laboral de cada persona en cada momento.

En definitiva, el Grado C constituye la oferta, parcial y acumulable, del sistema de Formación Profesional, de varios módulos profesionales del catálogo modular de Formación Profesional por razón de su significado en el mercado laboral y conducente a la obtención de un Certificado Profesional.

Las ofertas de Grado C de Formación Profesional tendrán por objeto módulos profesionales incluidos previamente en el catálogo modular de formación profesional y asociados al Catálogo Nacional de Estándares de Competencias Profesionales.

Finalidad de los Certificados Profesionales

- Contribuir a la ordenación de un Sistema de Formación Profesional al servicio de un régimen de formación y acompañamiento profesionales que sea capaz de responder con flexibilidad a los intereses, expectativas y aspiraciones de cualificación profesional de las personas a lo largo de su vida.

- Combinar escuela y empresa situando a la persona en el centro del sistema.

- Facilitar el aprendizaje permanente de toda la ciudadanía mediante una formación abierta, flexible y accesible, estructurada de forma modular, a través de la oferta formativa asociada al certificado.

- Acreditar las cualificaciones profesionales o las unidades de competencia recogidas en estas, independientemente de su vía de adquisición, bien sea través de la vía formativa, o mediante la experiencia laboral o vías no formales de formación.

- Favorecer, tanto a nivel nacional como europeo, la transparencia del mercado de trabajo.

- Contribuir a la calidad de la oferta de Formación Profesional.

Este libro

El presente libro desarrolla el Módulo Formativo denominada *Planchado y arreglo de ropa en alojamientos,* MF0708_1.

Dicho Módulo Formativo está asociado a la Unidad de Competencia UC0708_21, perteneciente a las Cualificaciones Profesionales de referencia: HOT222_1, de nivel 1, incluida en el Certificado de Profesionalidad denominado *Operaciones básicas de pisos en alojamientos.* Se encuentran dentro de la familia profesional Hostelería y Turismo.

Según el Real Decreto 1376/2008, de 1 de agosto, modificado por el RD 685/2011, de 13 de mayo, y el RD 619/2013, de 2 de agosto, los contenidos que en esta obra se recogen se corresponden con una duración de 90 horas.

Tanto la estructura como el desarrollo del libro se ajustan al citado real decreto y más concretamente a los contenidos del Módulo Formativo que le da título *Planchado y arreglo de ropa en alojamientos,* MF0708_1.

Contenidos

1. **Procedimientos administrativos y comunicación interna en el taller de planchado y costura**
   — Circuitos internos de comunicación en el taller de planchado y costura de alojamientos
   — Relaciones con otros departamentos: pisos y lavandería
   — Documentación utilizada en el taller de planchado y costura
     • Tipos y cumplimentación

2. **Clasificación de ropas para el planchado en alojamientos**
   — Simbología del etiquetado de ropas para el planchado
   — Clasificación de los distintos tipos de fibras según su comportamiento al planchado
   — Comportamiento de los distintos tipos de telas según su comportamiento al planchado
   — Técnicas de clasificación de la ropa para el planchado
     • Identificación
     • Descripción
     • Aplicación

— El zurcido
  - Clases
  - Técnica
  - Aplicaciones

5. **Almacenamiento y distribución interna de ropas y productos para el planchado**
   — Procesos administrativos relativos a la recepción, almacenamiento, distribución interna y expedición de existencias
   — Distribución interna de ropas planchadas
   — Proceso organizativo del almacenamiento de productos y utensilios para el planchado
     - Aplicación de sistemas de almacenaje
     - Criterios de almacenaje de ropas: ventajas e inconvenientes
     - Clasificación de los productos
   — Aplicación de procedimientos de gestión de *stocks*
     - Aplicación de criterios de clasificación de *stocks*
     - Análisis de la rotación y ubicación de existencias de lencería
     - Cumplimentación de fichas de almacén

6. **Normativa de seguridad, higiene y salud en los procesos de planchado y arreglo de ropa propios de establecimientos de alojamiento**
   — Identificación e interpretación de normativa específica
   — Requisitos higiénicos generales de instalaciones y equipos para el planchado y arreglo de ropa
   — Salud e higiene personal
     - Factores
     - Medida
     - Materiales y aplicaciones
     - Heridas y su protección
   — Medidas de prevención y protección
     - En el taller de planchado y costura
     - En utilización de máquinas, equipos y utensilios de planchado y costura

— Equipamiento personal de seguridad
  • Prendas de protección: tipos, adecuación y normativa

■ Nota del Editor

En Ediciones Paraninfo estamos comprometidos con la calidad de la formación e intentamos que nuestros materiales respondan fielmente y con rigor a las necesidades de todos cuantos confían en nuestro sello editorial.

Tratamos de dar respuesta a los currículos de las unidades formativas y de los módulos que integran los distintos Certificados Profesionales, equilibrando la parte teórica con la práctica para que los procesos de aprendizaje se conviertan en experiencias gratificantes, tanto para docentes como para las personas inmersas en los procesos formativos.

Nuestros objetivos son contribuir de forma decisiva a afianzar aprendizajes, ayudar a adquirir destrezas que tengan significado para el empleo y conseguir potenciar el desarrollo personal.

Para lograrlo contamos con excelentes autores, expertos en las materias que abordan, en la mayoría de los casos docentes de dichas especialidades con dilatada experiencia tanto profesional como académica, porque buscamos perfiles familiarizados con los contextos laborales concretos a los que se refieren nuestros manuales.

Confiamos en poder serte de ayuda y esperamos tus impresiones acerca de nuestro trabajo. Sean positivas o negativas, serán muy bien recibidas y, sin duda, nos ayudarán a seguir mejorando y trabajando con ilusión para continuar siendo un referente en formación para el empleo.

Agradecemos tu confianza en nuestros manuales. Todo nuestro equipo queda a tu total disposición. Puedes contactar con nosotros en esta dirección de correo electrónico:

info@paraninfo.es

1. Procedimientos administrativos y comunicación interna en el taller de planchado y costura

Contenidos

Objetivos

Trasladar adecuadamente informaciones recibidas de los diferentes departamentos.

En situaciones de recepción y traspaso de información oral, interpretar correctamente la información recibida.

Identificar y cumplimentar documentos de uso habitual en las actividades de lencería.

La fase de planchado de un establecimiento de alojamiento cuenta con una mayor variedad de maquinaria y es donde la evolución tecnológica ha sido más importante en los últimos años. No obstante, esta evolución supone gran importancia en las lavanderías, donde la carga es muy elevada, siendo la maquinaria en pequeñas instalaciones mucho más sencilla y con una mayor intervención de las personas en esos procesos.

Planchar significa estirar, alisar o eliminar arrugas de la ropa por procedimientos mecánicos.

El taller de plancha y costura ha estado siempre muy presente en los establecimientos de alojamiento, aunque su evolución ha sido notable desde principios del siglo pasado, cuando el personal de los establecimientos de alojamiento llevaba la ropa de los clientes a talleres de planchado especializados, ya que requería una cierta habilidad por la dificultad de las prendas de la época.

Esta evolución tecnológica ha derivado en la necesidad de una mayor capacitación del personal, tanto en procedimientos administrativos y de comunicación con el resto de los departamentos del establecimiento como en el manejo de nueva maquinaria y en el conocimiento de diferentes tratamientos de fibras.

Para mejorar el rendimiento de las actividades el departamento de lavandería-lencería debe tener una organización funcional adecuada. Este departamento inicia su actividad a primera hora de la mañana para recepción y salida de ropa. La incorporación escalonada del personal de lencería suele realizarse con una hora o dos de intervalo desde el momento en que comienzan las previsiones para la recepción de ropa sucia. En este tiempo se selecciona la cantidad suficiente de ropa para que comience el funcionamiento de las primeras máquinas en sus distintas fases. Teniendo en cuenta que un lavado estándar, hasta su centrifugado, dura aproximadamente 45 minutos y que el proceso de secado (en secadora) unos 15 minutos, es aconsejable que el personal inicie su actividad de forma escalonada. Las labores propias de cada trabajador vienen definidas por las tareas que tenga asignadas según los procesos que se vayan a realizar.

- Existe una serie de factores que determinan los tiempos dentro de la lavandería:

    La existencia de prendas que necesiten un procedimiento previo de eliminación de manchas o prelavado. Estas pasarán a la cadena de lavado después de aplicarles dicho tratamiento. El tiempo que se invierte en estos casos es variable, pues algunas manchas, para ser eliminadas, pueden necesitar minutos o incluso horas.

- Lo mismo puede ocurrir con ropa demasiado sucia, en la que el prelavado o ponerlas en remojo supone como mínimo 15 minutos, dependiendo del tipo de mancha o el tejido en el que está adherida.

    Mientras se espera a que se complete el tiempo en estos tratamientos, se realiza otra serie de trabajos, ya que un factor clave para el buen funcionamiento de la lencería es evitar tiempos muertos en el proceso. Ya se tendrá dispuesta la ropa para realizar el ciclo de carga en las lavadoras, programando estas adecuadamente, comenzando por el lavado hasta su terminación, que sería el centrifugado. Tras estos dos pasos, se lleva a cabo el secado de la ropa. Una vez que la ropa se ha secado, se revisa y aparta aquella que esté deteriorada, que necesite reanudar el ciclo de lavado o que precise algún arreglo.

- Cada carga de ropa ha de tener características similares con el objeto de facilitar la labor tanto de lavado como de planchado. Las prendas se seleccionan durante la descarga o recogida según los tejidos y forma, entregándose a las personas encargadas de su planchado, plegado o arreglo en su caso.

    Una vez que se ha realizado este paso, se apilarán de forma adecuada según el número de piezas que se haya determinado. La ropa restante que no se entregue a los diferentes departamentos, pasa a ser guardada en las estanterías, armarios u *offices*. Este proceso será supervisado por el encargado de lavandería o gobernante, el cual, además, será el asignado para dar de baja aquellas que presenten deterioros o desperfectos.

La persona responsable del departamento será la encargada de distribuir los horarios a su personal, basándose en el trabajo a realizar, dando instrucciones concretas dependiendo del tipo de maquinaria, la ropa que se trata y su suciedad. Además, tendrá en cuenta las especificaciones de la maquinaria y sus diferentes programas, poniendo a disposición del personal los materiales consumibles (detergentes, lejías, suavizantes…), así como los materiales y utensilios necesarios, supervisando su consumo y el buen trato que se da a cada prenda.

Cuando la ropa a tratar sea de clientes, es recomendable que lo realicen una o varias personas en función del volumen de trabajo, disponiendo para ello de utensilios concretos para esta actividad.

Es preciso recordar que las tareas de lavado que no se realizan de forma diaria, sino periódica, como el lavado de alfombras, cortinas, etc. suelen realizarse en periodos de ocupación baja.

Esta planificación del trabajo pretende conseguir una mayor rentabilidad en el departamento, evitando que las máquinas queden paradas y favoreciendo las tareas de los empleados.

Así pues, genéricamente en el taller de plancha y costura, las principales tareas a realizar serían: lavado, planchado, arreglo y conservación de toda la ropa del establecimiento, así como proporcionar a todos los departamentos del establecimiento la ropa necesaria para que puedan desarrollar su actividad, ofrecer un servicio adicional para los clientes, en el que se ocuparán de su ropa en el caso de que se solicite y dar el tratamiento que demande el cliente en cada caso.

A continuación veremos un organigrama funcional y cuáles son las labores de cada miembro que lo conforma.

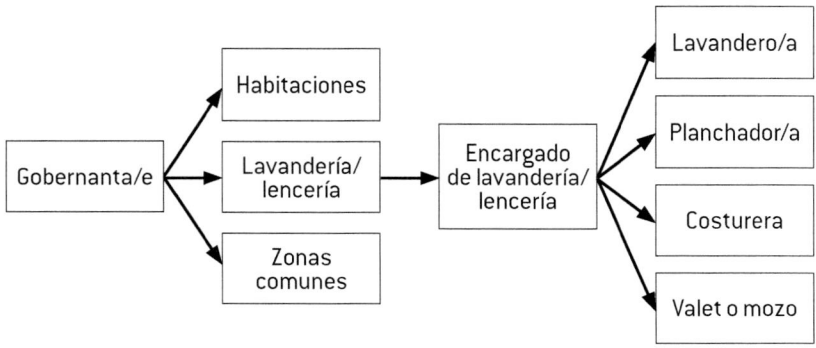

Encargado de lavandería-lencería

Designado por la gobernanta o dirección para gestionar el departamento de lavandería-lencería.

- Deontología profesional:
    — Capacidad para adaptarse a los criterios establecidos por la gobernanta.
    — Capacidad para trabajar en equipo.
    — Conocimientos sobre maquinaria utilizada en el departamento.
    — Nociones sobre los diferentes tipos de tejidos.
    — Conocimiento sobre los productos a aplicar y las técnicas para su utilización dependiendo del tejido.
    — Dominio de las técnicas básicas de costura tanto a mano como a máquina.
- Funciones que realiza:
    — Controlar y custodiar los *stocks* de lencería del hotel.
    — Confección de turnos y horarios del personal de lencería.
    — Responsable de la formación del personal de nuevo ingreso y su formación continua, así como la supervisión de las tareas realizadas.
    — Planificación, organización y distribución del trabajo a realizar por lavandería.
    — Controlar la ropa limpia entregada a los distintos departamentos.
    — Cumplimentar los impresos relativos a cada actividad realizada en lavandería.
    — Calcular gastos de los distintos departamentos.
    — Realizar la facturación para clientes.
    — Cuadrar con recepción la facturación diaria de ropa de clientes.
    — Junto con la gobernanta, elaborar y controlar presupuestos.
    — Diariamente pasará un informe a la gobernanta, reflejando las actividades realizadas durante el día.

Lavandera, costurera, planchadora

Dependen directamente de la encargada de lavandería-lencería. Este personal suele ser polivalente, ya que cada fase en el tratamiento de las prendas lleva un tiempo determinado, por lo que intervienen en todos los procesos.

- Deontología profesional:
    — Imagen personal (higiene y uniformidad).
    — Conocimiento sobre el funcionamiento de la maquinaria.
    — Conocimiento sobre distintos tipos de tejidos.
    — Conocimiento sobre productos de limpieza y utilización de los mismos.
    — Saber coser a mano y a máquina.
    — Actitud para trabajar en equipo.
- Funciones que realizan:
    — Clasificar y contar la ropa sucia entregada por los distintos departamentos del establecimiento.
    — Lavar, secar, planchar, arreglar y plegar todas las prendas del establecimiento.
    — Entregar la ropa limpia, planchada y preparada a los distintos departamentos.
    — Recoger uniformes sucios del personal del establecimiento y entregarlos una vez que estos estén lavados, planchados y arreglados.
    — Separar las prendas con desperfectos para repararlas o darlas de baja.
    — Lavado, secado, planchado y plegado de ropa de clientes.
    — Limpieza y mantenimiento de las instalaciones de la lavandería.

Mozo de pisos o valet

Es la persona encargada de la recogida y posterior entrega de ropa en el área de habitaciones. Además, suele ayudar, al igual que el resto de los integrantes del departamento, en los diferentes procesos de tratamiento de las prendas.

- Deontología profesional:
    — Imagen personal (higiene y uniformidad).
    — Conocimiento sobre el funcionamiento de la maquinaria.
    — Conocimiento sobre distintos tipos de tejidos.
    — Conocimiento sobre productos de limpieza y utilización de los mismos.
    — Actitud para trabajar en equipo.

Existen establecimientos que no disponen de un departamento de lavandería-lencería, ya que hay una serie de factores a considerar para implementar este departamento específico en sus instalaciones:

- El espacio que se deberá sacrificar al destinarlo a la lavandería y que podría ser empleado para otros servicios, como salones o plazas de aparcamiento.

- La inversión que ha de hacer el establecimiento en maquinaria y diversas instalaciones.

- El consumo energético, de agua y de productos para el lavado.

- El mantenimiento periódico de la maquinaria.

- La cualificación del personal.

- Los promedios de ocupación previstos, que son los determinantes a la hora de sopesar la rentabilidad y la amortización de las instalaciones.

Por todo ello, hay establecimientos que deciden contratar estos servicios con empresas externas. Para estos casos, existe una serie de consideraciones a tener en cuenta:

- La seriedad de la empresa, ya que el establecimiento es el responsable de la buena prestación del servicio al cliente.

- La hora de recogida y entrega de ropa por parte de la lavandería externa; este punto es de vital importancia para el departamento de pisos, ya que ha de cubrir las necesidades de ropa de las habitaciones en horarios concretos.

- La forma de envío y entrega de ropa, como por ejemplo el doblado de la ropa y la posibilidad de que con el trasiego de la misma, puede reducir su vida útil.

- La responsabilidad de la empresa en cuanto a deterioros y roturas de ropa.

- El beneficio que pueda obtenerse por el tratamiento de la ropa de clientes, siempre y cuando no originen costes extra, por lo que se han de pactar tarifas para evitar estos desajustes.

1.1. Circuitos internos de comunicación en el taller de planchado y costura de alojamientos

El taller de plancha y costura puede estar integrado en el departamento de lavandería del establecimiento o puede ser un servicio externo al propio alojamiento, variando en función de las necesidades y el rendimiento de cada establecimiento de alojamiento. Cuando integramos el taller de plancha y costura dentro de la lavandería, hablamos de lencería, que es donde se manipula la ropa limpia. No toda la ropa que pasa por los procesos de lavado y secado va a pasar por el proceso de plancha y costura.

Su principal objetivo es proporcionar a todos los departamentos del establecimiento la ropa necesaria para la realización de sus actividades. Es decir, se encarga de la conservación, lavado y planchado de la ropa del establecimiento, así como de ofrecer un servicio de ropa de clientes, dando a la ropa el tratamiento solicitado por estos.

No existe una división clara y definida de las áreas en las que se divide este departamento, ya que depende del tipo de establecimiento, que varía según su clasificación, necesidades y rendimientos.

Dentro de la lencería se incluyen las siguientes áreas:

- **Planchado y plegado:**

  — En esta fase se somete a las prendas a tratamientos de calor y presión, tanto ropa utilizada por el establecimiento como de clientes. En esta fase se utilizan diferentes máquinas y técnicas, dependiendo de la prenda a tratar y del método de planchado elegido, es decir, diferenciando la 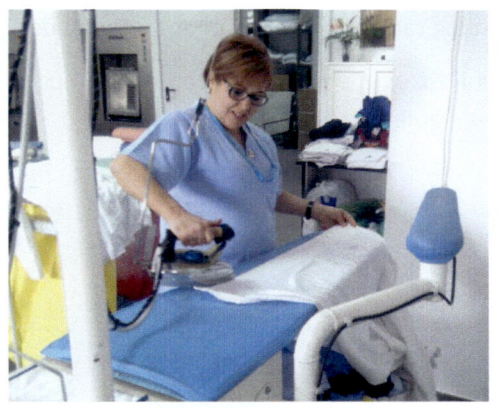 técnica de planchado en forma para prendas de vestir y en línea para la lencería utilizada en vestir las habitaciones, como por ejemplo sábanas o fundas, que además necesitan plegado.

- **Reparación y costura:**

  — A esta zona llegan aquellas prendas que necesitan algún tipo de reparación como zurcidos, remiendos, colocación de botones, dobladillos, etc., y que una vez realizado, vuelven a la zona de clasificación. Además, eventualmente, se confeccionan prendas sencillas como cortinas, visillos, etcétera.

- **Empaquetado y distribución:**

  — En esta zona se prepara la ropa limpia para su almacenamiento y distribución. El destino de la ropa puede ser el almacén de lencería, el *office* u otros elementos disponibles en planta para las demandas diarias. Tam-

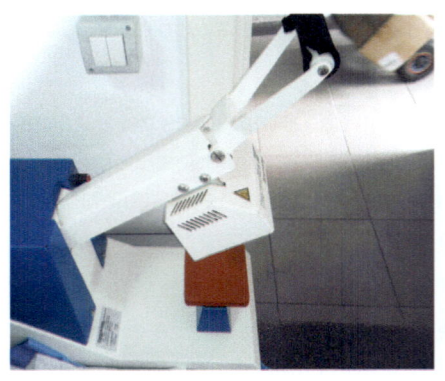

bién se prepara la ropa que los clientes han enviado para su lavado, planchado o reparación.

Para planificar el trabajo en la lencería, además del *stock* en lencería, será preciso conocer ciertas instrucciones fundamentales para el buen desarrollo de las tareas en la lencería. Esta información se obtiene mediante el departamento de recepción y el departamento de pisos a primera hora de la mañana, pero también durante el transcurso de la jornada. Todo ello permite al responsable de la lencería poder calcular el número de horas que deben estar las máquinas en funcionamiento según sus capacidades, así como el horario del personal y la cantidad de trabajadores necesarios para realizar estas actividades.

- La ocupación del día anterior, la previsión para el día de la fecha y el día siguiente.

  — Proporciona a la gobernanta información general sobre las habitaciones ocupadas y el número de personas alojadas en ellas.

- Salidas previstas.

- Las habitaciones cuyos clientes han finalizado su estancia y, por tanto, requieren una limpieza especial y dotación específica para volver a dejar la habitación preparada para ser de nuevo ocupada.

- Llegadas previstas.

- Las habitaciones que tienen prevista su llegada para ese día. Hay que tener en cuenta el número de personas que las ocuparán ya que es posible la necesidad de ropa extra.

- Cambios de ropa previstos.

  — Durante la estancia del cliente, hay una serie de lencería que debe ser cambiada. Según la categoría del establecimiento, los cambios pueden ser diarios, en días alternos, etc. Este proceso se denomina frecuencia del cambio y permite a la gobernanta prever el *stock* de ropa necesario para el establecimiento.

- Servicios de restaurante en el día y previsión del día siguiente.

  — Además de la ropa que viste las habitaciones, la lencería también se ocupa de la ropa de otros departamentos. En esta previsión aparecen el número de personas que han solicitado en su estancia los servicios de comedor, desayunos, almuerzos y cenas. Todo ello permite a lencería saber la cantidad de ropa que se necesita para vestir las mesas del restaurante.

- Otros servicios prestados en el establecimiento.

  — Existen en el establecimiento otros departamentos que también solicitan los servicios de la lencería, cada uno de los cuales tendrá unas necesidades especificas. Entre ellos destacamos el departamento de cocina.

  — Además, muchos establecimientos cuentan con gimnasios, spa y otros servicios, en los que se requiere ropa específica. Para todos ellos también es preciso prever las cantidades necesarias que cumplirán con la calidad que se ofrece en los establecimientos.

1.2. Relaciones con otros departamentos: pisos y lavandería

El departamento de lavandería-lencería tiene como principal objetivo proporcionar a los diferentes departamentos del establecimiento la ropa necesaria para que estos desarrollen sus actividades. Además de conservar, lavar y planchar la ropa de todo el establecimiento, ofrece a los clientes un servicio especial, dando el tratamiento solicitado.

El restaurante, bar, cafetería y cualquier otro departamento, según la categoría del establecimiento, solicitan a lencería la ropa que van a necesitar en sus respectivos servicios a través de vales de depósito o relación firmados.

Diariamente, estos servicios realizan el cambio de ropa sucia por limpia cuantas veces lo crean necesario. En el momento que lo precisen, llevan las prendas sucias a lavandería y recogen las limpias de lencería.

El circuito o trayectoria de la ropa en el establecimiento de alojamiento se resume de la siguiente manera:

- Recogida por parte del personal de pisos:

  — Se depositará la ropa sucia de las habitaciones en los lugares destinados para ello y se llevará a la lavandería-lencería para su tratamiento correspondiente.

- Recogida por parte del personal de restaurante:

  — Antes de montar el comedor para el servicio, los ayudantes quitan de las mesas y aparadores lo puesto, depositándolas en el lugar destina-

do a ello. Se clasifica la ropa por tipo, tamaño, tejido y empleo que se le vaya a dar.

— Normalmente, una vez clasificada la ropa y para anotarla en el impreso adecuado, se procederá a contar y anotar la cantidad de ropa de mayor tamaño.

— Con las prendas pequeñas (servilletas), se aconseja formar paquetes de diez unidades, envolviendo cada paquete en una de ellas. Las que no completen la decena, se dejarán sueltas. Esto facilita el conteo de las mismas.

— Las prendas contadas y anotadas se van introduciendo en los carros de transporte o sacos que se llevarán a la lavandería, junto con el impreso fechado y firmado.

— El responsable de comedor, o persona asignada, entrega la ropa sucia a la lavandería junto con un impreso donde se anota la ropa entregada. Lavandería puntea el impreso a medida que comprueba que coincide lo entregado. Si concuerda, firma su conformidad en el recibí del impreso del restaurante firmado por el responsable y «entregadas» en los carros de transporte adecuados.

— En la lavandería se comprobará que los totales de las prendas correspondan con las cantidades anotadas en los impresos. Si un concepto o cantidad no coincide, se volverá a revisar y contar, rectificando en el lugar confundido sin enmendar ni tachar lo escrito anteriormente. Si coincide todo, lavandería firma su conformidad.

- Recogida por parte del resto de departamentos:
  - El **bar** del establecimiento suele hacer el cambio de ropa después de hacerlo en el comedor, ya que su actividad comienza más tarde. Utilizará los medios de los que se dispongan para ello dependiendo de la cantidad de prendas (saco de transporte o carro).
  - Normalmente solo se rellena el impreso en casos especiales. Las prendas en la lavandería se cuentan diariamente las prendas y se anotan los totales en el mismo impreso que se abrió para el comedor.
  - Cuando se trata de **cocina**, al igual que el comedor, se cumplimenta un vale o relación de ropa que va a necesitar para el desarrollo de su trabajo, incluyendo la ropa de trabajo, paños, etcétera.
  - Es necesario ponerse de acuerdo con cocina para determinar los horarios de cambio de ropa. Lo normal es realizar la entrega a primera hora, con la ropa sucia de la noche anterior y una segunda entrega en el turno de tarde, aunque en cocina se sustituyen prendas sucias por limpias constantemente.
  - En la lavandería se tendrá preparado un impreso en el que se anotan los totales de las prendas que van contando.
  - Hay que tener especial cuidado con la ropa de la cocina, ya que es frecuente encontrar manchas difíciles de sacar. Estos detalles se anotarán también en el impreso de recogida.
  - El **resto de departamentos** que tengan prendas para lavar (spa, piscina, economato, etc.) deberán entregar las prendas para su tratamiento adecuado en el departamento de lavandería-lencería, rellenando los impresos correspondientes y depositándolas en los lugares destinados para ello en la zona de sucio.
- Recogida de ropa entregada por los clientes:
  - Con la ropa del cliente debemos tener un cuidado especial. Estas prendas se depositan en el lugar destinado para ropa de clientes con su impreso correspondiente en el que se especifica el tratamiento solicitado. Todas las prendas han de estar identificadas con el número de habitación.
  - Una vez que la lavandería-lencería recibe la ropa, se procederá a su selección, clasificación y recuento, seleccionando para cada una de ellas el tratamiento necesario.
- Se procede al lavado de las prendas.

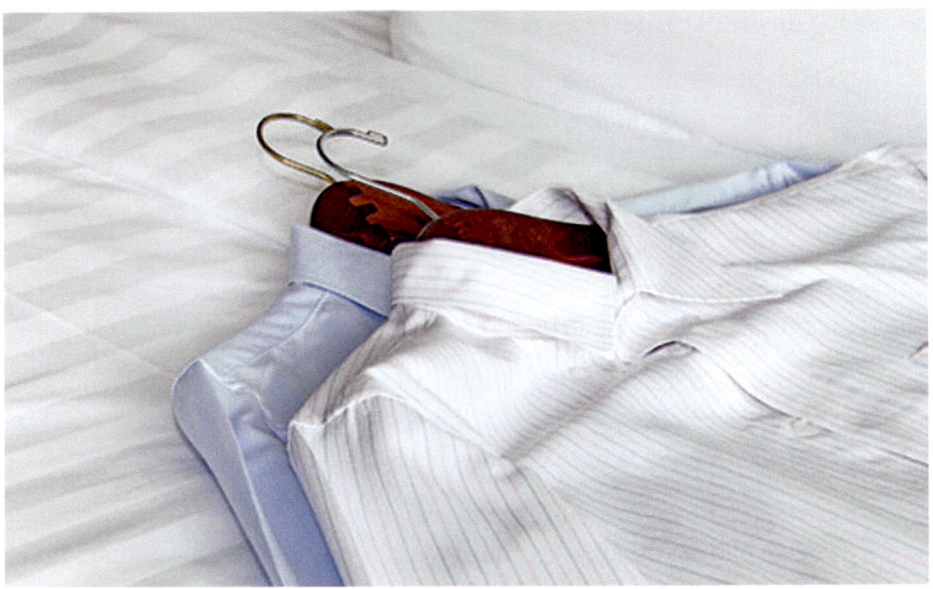

- Se separan las prendas que necesiten secado y las que necesiten planchado según el tejido.

  — *Secado*: hace referencia a los denominado tejidos de *rizo*, que son aquellas prendas que por su composición necesitan secadora y no plancha, como toallas, albornoces, alfombrines, etcétera.

  — *Planchado*: selecciona los tejidos que no necesitan secadora, nos referimos a los denominado de tejido *plano*, que precisan someterse a procesos de planchado y plegado, como sábanas, fundas, mantelería, etcétera.

- Doblado, clasificación y recuento:

  — Una vez que se han terminado los procesos de secado, se doblan las prendas y se depositan en el lugar correspondiente para su clasificación y recuento. En esta fase también se clasifican las prendas planchadas. Es aquí donde se seleccionan aquellas que necesiten algún tipo de arreglo y que pasarán, por tanto, al taller de costura para ser reparadas.

- Almacenamiento, devolución y reparto:

  — En esta última fase del circuito de la ropa es donde se devuelve limpia a los departamentos, se reparte a las diferentes plantas y se entrega a los clientes. Cada establecimiento diseñará su método de entrega, ya que depende del tamaño y categoría del establecimiento el fijar los lugares de almacenamiento y distribución.

1.3. Documentación utilizada en el taller de planchado y costura

Es fundamental en cualquier departamento tener controladas las actividades diarias que se realizan, para ello se cumplimentan una serie de documentos que facilitan estas tareas y representan una prueba escrita de las actividades que se llevan a cabo. Los sistemas de control están fuertemente implantados, siendo importante para la empresa tener controles continuos en aspectos como la calidad en el servicio prestado, los gastos, el control de inventarios, etcétera.

Además, se facilitan los cambios de ropa con los distintos departamentos por parte de la lavandería-lencería, permitiendo conocer el movimiento de cada una de las prendas.

Hay que tener en cuenta que cada establecimiento diseña su propia documentación dependiendo de su organización, categoría y características especiales del mismo. Aun así, existe una serie de documentación común que, aunque cambie en sus contenidos o formatos, se utiliza generalmente en todos los establecimientos.

1.3.1. Tipos y cumplimentación

El departamento de lavandería-lencería utiliza diferentes tipos de impresos según el departamento con el que se tramiten, diferenciando los que son de uso interno para pisos, los que se utilizan para la recogida y entrega de ropa de los diferentes departamentos y los que se utilizan para la ropa del cliente.

Lavandería o el responsable del departamento pasarán a primera hora a lencería una copia de cada uno de los impresos que quedaron cumplimentados el día anterior, indicando solamente los totales de cada tipo y señalando la fecha y nombre de la persona que firmó cada impreso, archivando siempre los originales.

Los lotes de ropa limpia llegan procedentes de lavandería o plancha en bandejas o carros, pasando directamente a su control, contando cada lote de prendas iguales y anotándolo en el lugar correspondiente del impreso.

En el caso de que coincida la cantidad con el total, antes de anotar nada, comprobaremos si está pendiente la entrada de alguna de las prendas en días anteriores, completando primero en ese caso las fechas atrasadas. Si no hay nada pendiente, se hará la anotación y quedará terminado el control.

Si es una cantidad de ropa menor, se irán anotando las cantidades hasta que se complete la suma. Si faltasen prendas, se comprobará si esas prendas continúan en lavandería o costura. Si no es así, se dará de baja. Si por el contrario la cantidad es mayor, indicará qué en las hojas de días anteriores quedaron pendientes algunas prendas.

Fichas de inventario

Reflejan las existencias, los movimientos de ropa y los *stocks* mínimos y máximos que se establecen para cada prenda.

INVENTARIO DE ROPA						
Fecha:						
Código	Artículo	Hbt.	Offices	Lavandería	Lencería	Total

Cada prenda que entre en la lavandería ha de ser debidamente controlada, supervisando los consumos y usos que se les da. Cuando la gobernanta determina que se debe comprar ropa, una vez que esta llega al establecimiento, el responsable del departamento cotejará la ropa que figura en el albarán de entrada con la cantidad recepcionada.

Una vez que se ha dado la conformidad en las cantidades, se cumplimentará el control de existencias, dando entrada al artículo debidamente codificado, con la fecha y la cantidad.

Fichas de control de existencias

En *stock de almacén* figurará la cantidad de ropa que guardamos de una prenda determinada y en *ropa en uso*, aquella que va destinada a cubrir las necesidades inmediatas del departamento. Cuando a una prenda se le da de *baja* por cualquier causa, se anotará en su columna correspondiente, restando automáticamente la ropa en uso.

En el caso de tener que sacar ropa del almacén, se anotará fecha y la cantidad quitada, se restará en la columna de *stock* de almacén, sumándose automáticamente a la ropa en uso. Así pues, las existencias finales serán el *stock* de almacén más la ropa en uso.

CONTROL DE EXISTENCIAS			COD:		
Artículo:					
Fecha	Entrada	Stock en almacén	Ropa en uso	Bajas	Existencia total

Impresos de ropa para clientes

Para que los huéspedes tengan conocimiento de este servicio, es necesario contar con el sistema de información adecuado en que se ofrece el lavado en seco y en agua. Todo ello se llevará a cabo mediante una papelería específica (lista de lavandería) que contenga desglosadas las características de cada prenda, la cantidad y el valor del servicio. Esta papelería se encuentra normalmente en las habitaciones. El cliente podrá solicitar el servicio al departamento de lavandería por medio de una llamada telefónica y/o dejando en la habitación la lista de lavandería en donde detallará el número de prendas, nombre completo, número de habitación, fecha de entrega, devolución requerida y firma, junto con la ropa que se desea que se le preste el servicio.

Por norma general, este impreso irá acompañado de una bolsa donde el cliente depositará la prenda y que la camarera de pisos se encargará de recoger. Antes de retirarlo de la habitación, la camarera se asegurará que el impreso está debidamente cumplimentado por el cliente, haciendo constar el mismo el número de habitación, las prendas entregadas, el tratamiento solicitado y la firma del cliente autorizando para recogerlo.

En lavandería, se hará una plantilla o reporte de recolección en donde se anotará el número de la habitación, la hora y el nombre del encargado de recoger la ropa, quien, en el momento de recibir las prendas, debe verificar que la lista de lavandería tenga escrito el nombre completo del cliente, el número de la habitación y la firma, además de verificar la cantidad y el tipo de ropa según la lista de lavandería. Si no corresponde, se devuelve, pero si es correcto, se le asigna un número de control diario. Al mismo tiempo que se realiza el recuento, se procede a la clasificación y marcación separando la ropa de lavado en agua y, en su caso, aquella que por su estado de desgaste o por cualquier otra circunstancia deben ser regresadas a los clientes con una tarjeta de devolución, en donde se notifica que el hotel no se compromete a prestar el servicio por la condición de la ropa sin su autorización. Tras la clasificación, se chequea el proceso de cada prenda, ya sea lavado en agua o en seco. El departamento tendrá una persona destinada a liquidar el servicio prestado en la lista de lavandería, enviando a la caja de recepción la nota débito correspondiente representado en el desprendible original que tiene la firma del huésped para que sea cargado en la cuenta de este.

Una vez realizado el tratamiento que el cliente ha solicitado, la ropa limpia y preparada se le entregará al cliente junto a su copia, otra la archivaremos nosotros, que irá junto a las liquidaciones diarias como justificante, y la última original que tendrá recepción hasta que el cliente abone la cantidad establecida.

Los diseños de estos impresos vienen determinados por cada establecimiento, aunque es común a todos que contengan un apartado para el número de habitación, listado de prendas, precios y tratamientos, un lugar habilitado para cualquier observación y toda aquella información de carácter legal que deba llevar el documento.

Liquidación diaria de lencería

En este impreso se liquidan las facturas emitidas a los clientes por el tratamiento solicitado de la ropa. Consta de dos copias: un original junto a los impresos que se cargarán al cliente y una copia que se archivará en el departamento de lencería junto con los impresos de ropa de clientes o listas de lavandería.

LIQUIDACIÓN DIARIA DE LENCERÍA						
Fecha de liquidación:						
Nº de Factura	Nº de habitación	Crédito	Contado	Casa	Total	Observaciones
Firma responsable departamento.			Vº.Bº Admón.			

Impreso de ropa de servicios

Este documento sirve para controlar la ropa sucia que se recoge de los diversos departamentos y la posterior entrega de ropa limpia. Cada departamento tendrá su ficha correspondiente, en la que se detallará siempre la fecha, las cantidades de ropa sucia entregadas y las cantidades de ropa limpia devueltas. Deberán estar siempre firmadas por los responsables de su entrega y devolución.

En este impreso se detallarán todas las prendas necesarias en restaurante, como cubres, manteles o servilletas, identificados individualmente por tamaños, colores u otra característica.

ROPA DE RESTAURANTE Y BARES					
Fecha:					
	Sucias			Limpias	
Prendas	**Comedor**	**Bar**	**Total**	**Parciales**	**Totales**
Entregado				Recibido	

Normalmente se dejan varias filas vacías en la parte inferior para que, en el caso de que fuera necesario, se puedan anotar prendas que no aparezcan en el listado y que sea preciso su lavado. Incluiremos en la columna de «Sucias» las cantidades entregadas por el comedor y bar, totalizándolas al final de la jornada, ya que durante la misma se puede recibir más ropa sucia. Esta operación se ha de realizar de una forma similar con cualquier otro departamento que entregue de forma habitual ropa para su lavado.

Impreso de control-estadísticas

Son una serie de impresos que permiten controlar los consumos de los diferentes materiales utilizados por el departamento, es decir, los productos y materiales de limpieza. Con ello se puede controlar, entre otros aspectos:

- Los niveles de agua: vigilando el pH, dureza, calidad y cantidad.

- La maquinaria: controlando su estado y funcionamiento en las diferentes secuencias.

- Los consumos: cantidades de productos utilizados en todos los procesos.

Impresos de control de uniformes

Existen establecimientos en los que, cada vez que el trabajador deja su uniforme para que se lave, se ha de rellenar un control de ropa (vales de control de ropa) de personal con dos copias, una para el trabajador y otra para la lavandería-lencería.

Teniendo en cuenta la existencia de establecimientos que cuentan con un gran volumen de uniformes, una vez que estos se han lavado, se clasifican por departamentos y se marcan con el nombre del trabajador.

Cabe señalar que el departamento de lencería ha de ponerse de acuerdo con cocina para determinar los horarios de cambio de ropa. Cuando la ropa sucia de este departamento entra en lavandería al finalizar la jornada, esta llega sin impreso, pero en su carro correspondiente.

Lavandería es la responsable de tener todo preparado con la fecha y el turno de entrega. En ese documento se anota la totalidad de las prendas recibidas, una vez que se han clasificado, además del nombre de aquellas prendas personales que estén marcadas.

Una vez que se ha terminado esa operación, en la que se da entrada a la ropa sucia, se entregará a cocina una copia del impreso, debidamente cumplimentado con la fecha y la firma.

Esta copia del impreso será la que cocina deberá entregar a lavandería para que le entreguen todas las prendas limpias que en él se relacionan.

Puede suceder en cualquier departamento que se precise de más prendas. En ese caso, se entregarán vales provisionales donde figure la fecha, la relación de prendas entregadas, el nombre del receptor y su firma. Cuando el personal realiza el cambio con la ropa sucia, ha de presentar el vale para que lencería le entregue las prendas solicitadas. En caso de no que coincida, quedará pendiente hasta su devolución o baja por pérdida en el caso de no regresar a la lavandería.

Planilla diaria de lavandería-lencería

En este documento se anotará la ropa que se entrega diariamente a cada camarero de pisos para el desempeño de sus tareas. Al finalizar la jornada, se devolverán aquellas prendas que no se hayan usado.

Esta planilla diaria es muy utilizada en aquellos establecimientos que no cuentan con *offices* de ropa en cada planta, por lo que al iniciar la jornada el personal de pisos acudirá a la lencería para retirar la ropa necesaria para vestir las habitaciones. En el caso de que el valet fuera el encargado de repartir la ropa, se anotará igualmente. En algunos impresos se hace constar, mediante firma, la recepción de la ropa. Debemos tener en cuenta que las documentaciones suelen presentar modificaciones según las necesidades de cada establecimiento.

ACTIVIDADES DE REPASO Y AUTOEVALUACIÓN

1.1. ¿Cuáles son las principales tareas que se realizan genéricamente en el taller de plancha y costura?

_____

_____

_____

_____

_____

1.2. ¿Qué datos se necesitan en el departamento de lavandería-lencería para poder planificar el trabajo diario?

_____

_____

_____

_____

_____

1.3. ¿Cómo se llama el impreso que emite la lavandería-lencería al personal cuando este requiere ropa de manera extraordinaria?

_____

_____

_____

_____

_____

1.4. El siguiente cuadro que resume el circuito o trayectoria de la ropa del establecimiento está incompleto. ¿Sabrías qué fases son las que faltan?

Recogida por parte del personal de pisos
Recogida por parte del personal de restaurante
Recogida de ropa entregada por los clientes
Doblado, clasificación y recuento
Almacenamiento, devolución y reparto

1.5. De las siguientes afirmaciones, selecciona la correcta:

    a.   Planchar significa estirar, alisar o eliminar manchas a través de procedimientos mecánicos.

    b.   Planchar significa estirar, alisar o eliminar arrugas a través de procedimientos mecánicos.

    b.   Planchar significa estirar, alisar o eliminar arrugas a través de procedimientos manuales.

1.6. ¿En qué fase del circuito o trayectoria de la ropa del establecimiento se clasifican las prendas planchadas y se seleccionan aquellas que necesiten algún tipo de arreglo?

1.7. Tras realizar el recuento de la ropa en el establecimiento, Raquel, la lencera, ha de cumplimentar el impreso de inventario de ropa. En este caso el correspondiente a las toallas de lavabo con los siguientes datos:

    — En el almacén tenemos guardadas 150 toallas de lavabo nuevas.

    — Para cubrir las necesidades diarias tenemos en uso 250 unidades, de las cuales 50 están puestas en las habitaciones y el resto en la lavandería para proceder al lavado de estas.

    — En el conteo de los *offices* hay un total de 30 toallas de lavabo.

INVENTARIO DE ROPA						
Fecha:						
Código	**Artículo**	**Hbt.**	**Offices**	**Lavandería**	**Lencería**	**Total**

1.8. Esteban es el responsable de la lavandería y tiene que dar entrada a una mercancía nueva que ha llegado, concretamente fundas para las almohadas, además aprovecha para realizar un inventario de control y terminar de rellenar con los datos de los que dispone el control de existencias. Sabiendo que entraron 400 fundas de almohada y que 120 se sumaron a la ropa en uso, el resto se guardó como *stock* de almacén y que posteriormente se dieron de baja 30 por estar en mal estado, ¿podrías completar el documento con los datos que faltan?

CONTROL DE EXISTENCIAS			COD: 1002		
Artículo: Fundas de almohada 85x100					
Fecha	Entrada	Stock en almacén	Ropa en uso	Bajas	Existencia total
05/03/23	500	250	200	-50	450
03/09/23		530	370		
03/09/23		530			820

1.9. Selecciona la afirmación correcta:

a. Para un rendimiento óptimo de las actividades en la lencería, la organización funcional ha de ser la adecuada.

b. La organización funcional de la lencería depende de las tareas que cada operario elija al inicio del proceso.

c. Los establecimientos de alojamiento no precisan de organización funcional en la lencería, ya que depende del criterio individual de cada operario.

1.10. ¿Qué utilidad tiene la planilla diaria de lavandería-lencería?

----

2. Clasificación de ropas para el planchado en alojamientos

Contenidos

Objetivos

Identificar las características de composición y conservación de las ropas, interpretando su etiquetado.

Diferenciar la ropa por lotes en función de su tipo y requerimientos de conservación del etiquetado.

Agrupar la ropa que debe recibir el mismo tipo de planchado.

Separar las prendas que deban precisar un tratamiento especial.

Como ya hemos dicho con anterioridad, no toda la ropa que pasa por los procesos de lavado y secado va a pasar por el proceso de planchado. Este dato es importante, ya que la maquinaria necesaria para este proceso está determinada por la cantidad de ropa que debemos planchar.

Los factores que intervienen en las necesidades de este tipo de prendas vienen definidos por la cantidad de habitaciones del establecimiento, los diferentes servicios de comedor que se ofrezcan y la categoría del establecimiento, que en definitiva nos informará de la cantidad de prendas necesarias para vestir habitaciones y resto de estancias del establecimiento.

A la hora de planchar, es imprescindible consultar las etiquetas de composición y conservación de cada prenda para darle el tratamiento adecuado, ya que la fibra textil es una forma de materia sólida flexible que se caracteriza por una largura importante en relación con su espesor. Su flexibilidad es lo que permite soportar los estiramientos en los procesos de hiladura, confección y posterior uso, características que junto a su resistencia y su durabilidad entre otras harán que el proceso de planchado sea más o menos efectivo.

2.1. Simbología del etiquetado de ropas para el planchado

Antes de proceder a cualquier tratamiento de conservación y mantenimiento de la ropa es indispensable consultar las etiquetas interiores de cada prenda, ya que nos proporcionarán la información necesaria para su lavado, secado, planchado y cualquier otro tratamiento.

La adhesión de España a la Unión Europea supuso una adaptación de la normativa a las exigencias de la legislación comunitaria en diversos órdenes, en particular en materia de etiquetado textil.

Se entiende como productos textiles todos aquellos que en bruto, semielaborados, elaborados, semimanufacturados, manufacturados, semiconfeccionados o confeccionados estén compuestos exclusivamente por fibras textiles, cualquiera que sea el proceso seguido para su mezcla y obtención.

En el etiquetado de los productos textiles, para su puesta en el mercado, deben figurar los siguientes datos: nombre, razón social o denominación del fabricante, comerciante o importador y en todo caso su domicilio.

El número de registro industrial del fabricante nacional, en el caso de productos textiles importados de países que no pertenezcan a la Unión Europea y distribuidos en el mercado nacional, deberán tener el número de identificación fiscal del importador.

La composición de acuerdo con la normativa vigente. Real Decreto 928/1987, de 5 de junio, relativo al etiquetado de composición de los productos textiles, modificado en parte por el Real Decreto 396/1990, de 16 de marzo.

Todo producto textil compuesto por dos o más fibras, en el que una de ellas represente el 85 % del peso total, como mínimo, se designará mediante alguna de las siguientes formas:

- Por el nombre de la fibra y su porcentaje en peso.

- Por el nombre de la fibra y la indicación de «85 % mínimo».

- Por la composición porcentual completa del producto, ordenada de mayor a menor.

Si un elemento textil está formado por dos o varias fibras en las que ninguna de ellas alcance el 85 % del peso total, serán designados por la denominación y el porcentaje del peso de, al menos, las dos fibras con mayor porcentajes, seguidos de la enumeración de las denominaciones de las demás fibras que componen el producto, en orden decreciente según su porcentaje en peso, con o sin indicación del mismo. Sin embargo, el conjunto de fibras en el que cada una de ellas forme parte con menos del 10 % de la composición de un producto, podrá ser designado por la expresión «otras fibras», seguida de su porcentaje global.

En el caso de especificar la denominación de una fibra que formara parte en un porcentaje inferior al 10 % de la composición de un producto, deberá expresarse la composición porcentual completa.

Este etiquetado no será obligatorio para las partes que representen menos del 30 % del peso total del producto, a excepción de los forros principales. Cuando todas las partes representen menos del 30 %, se indicará la composición global del artículo textil.

Cuando dos o varios productos textiles formen de modo usual un conjunto inseparable y tengan la misma composición de fibras, podrán tener un solo etiquetado.

En las prendas de confección y punto, a excepción de calcetería y medias, la etiqueta será de cualquier material resistente, preferentemente de naturaleza textil, irá cosida o fijada a la propia prenda de forma permanente, y deberá tener su misma vida útil.

Las indicaciones o informaciones facultativas, tales como símbolos de conservación, «ignífugo», «impermeable», etc., deben aparecer netamente diferenciadas.

La composición en fibras de los productos textiles bordados se dará, bien para la totalidad del producto o por separado la composición de la tela de base y la de los hilos de bordado, debiendo especificarse estos elementos por su denominación. Si las partes bordadas ocupan menos del 10 % de la superficie del producto, bastará con indicar la composición del tejido de base.

La composición en fibra de los productos textiles de terciopelo, peluche o similares, se dará bien para la totalidad del producto o por separado. Si dichos productos están constituidos de una base y de una capa de uso distinto y compuesto por fibras diferentes, se mencionarán ambos elementos.

Existen productos exentos de la obligación de etiquetado, como pueden ser el cubrecafeteras, cubreteteras, flores artificiales, sombreros, artículos de marroquinería, acericos, tapicerías bordadas a mano, partes textiles de calzado (a excepción de los forros de abrigo), neceseres, paños y guantes para retirar fuentes del horno, artículos textiles de protección y seguridad, etc. (*vid.* Anexo III del Real Decreto 396/1990, de 16 de marzo).

Los productos textiles que sean del mismo tipo y tengan la misma composición, podrán presentarse a la venta agrupados bajo un etiquetado global en el que figuren las indicaciones de composición, como por ejemplo bayetas, pa-ños, manteles individuales, pañuelos, cintas y cordones para cortinas, etc. (*vid.* Anexo IV del Real Decreto 396/1990, de 16 de marzo).

Las etiquetas de los textiles pueden fijarse a los mismos de la siguiente forma:

- Hilados:

  — Figurará en las cajas u otro tipo de envoltorios en que sean expedidos para el comercio al detalle, y se hará constar, además, el número de unidades que contiene cada envase. Cuando la unidad de venta tenga un peso igual o superior a 40 gramos, cualquiera que sea la forma de presentación, el etiquetado también figurará en cada unidad.

- Tejidos:

  — El etiquetado será obligatorio en cada pieza, pudiendo estar tejido o impreso sobre la pieza o en el orillo, cada tres metros, o mediante eti-queta adherida en ambos extremos de la pieza o en el plegador de tal forma que sea visible durante el tiempo que el producto permanezca a la venta.

- Pasamanería, encajes y bordados:

  — Será suficiente que el etiquetado figure en la caja u otras formas de envoltura, con indicación del número de unidades que contiene, así como el metraje o peso de cada unidad.

En las confecciones denominadas textiles del hogar y de ropa de mesa y cama que se comercialicen por juegos o por elementos independientes, de-berá marcarse cada pieza. Además, deberá figurar en la caja o envoltura y se hará constar el número de piezas que contiene. Únicamente quedan excluidos los juegos de ropa de mesa, en cuyo caso podrá figurar una sola etiqueta en la pieza principal.

En mantas, alfombras, tapices, visillos, cortinas o similares que no se comer-cialicen por metros, el etiquetado será obligatorio para cada unidad, cualquie-ra que sea su dimensión o peso.

Existen tres tipos de etiquetas en función de la información que contienen. A veces, toda esta información se engloba en una sola, pero es interesante co-nocer cada una de ellas por separado.

- Etiquetas de identificación:

  — Identifican la prenda individualmente, facilitando el recuento en el al-macén.

- Etiquetas de composición:

  — Incluyen los datos del fabricante, comerciante o importador y proporcionan información sobre la composición del producto.

- Etiquetas de conservación o mantenimiento:

  — Se incluye información sobre el producto y conservación. No es obligatorio, pero suele aparecer en la práctica totalidad de las prendas. Nos informan sobre cómo lavar, si admite plancha o secadora, etcétera.

Los símbolos de planchado que podemos encontrar en las diferentes fibras textiles son los siguientes:

PLANCHADO	Símbolo	Descripción
		Planchado a temperatura baja
		Planchado a temperatura media
		Planchado a máxima temperatura
		Prohibición de planchado
		No planchar a vapor

Además de los símbolos específicos para el planchado, debemos tener en cuenta el resto de simbología de la prenda, que nos aportará toda la información necesaria para un tratamiento correcto de la misma, ya que el resultado final depende de que todos los procesos se hayan hecho adecuadamente.

LAVADO	Símbolo	Descripción
	30°	Lavado y aclarado con acción mecánica normal. Las cifras en su interior indican en grados centígrados la temperatura máxima de lavado.
		Si está subrayado por una línea, nos indica que la agitación mecánica debe ser reducida.
		Si la cubeta está subrayada por dos líneas, nos indica que el proceso ha de ser muy suave.
		La mano introducida en la cubeta significa que debe realizarse el lavado a mano.
		Prohibición de lavado, necesita otro tipo de limpieza profesional.

SECADO	Símbolo	Descripción
	⊘ (círculo en cuadro)	Indica que la prenda puede ser secada en secadora.
	⊙ (círculo con punto)	Se puede utilizar secadora pero a baja temperatura.
	(círculo con dos puntos)	Se puede utilizar secadora a temperatura media.
	(círculo con tres puntos)	Acepta secadora a cualquier temperatura.
☐	⊠ (círculo tachado)	Prohibición de secado en secadora.
	(cuadro con línea arriba)	Indica que la prenda debe secarse colgando de una cuerda.
	(cuadro con línea horizontal)	Secar en plano horizontal sin tender.
	(cuadro con líneas verticales)	Tender la prenda sin escurrir.
	(cuadro con línea diagonal)	Se debe tender a la sombra.
	(símbolo torcer tachado)	No torcer la prenda

El recuadro indica que la prenda puede secarse, si tiene un círculo en su interior el secado puede realizarse mecánicamente siguiendo las instrucciones para cada caso. Si en su interior únicamente hay líneas, estas nos indican la forma de tendido de la prenda sin utilizar máquina.

LIMPIEZA EN SECO	Símbolo	Descripción
	Ⓟ	Limpieza con percloroetileno, disolventes fluorados y esencias minerales.
	Ⓟ (subrayada)	La misma limpieza anterior pero con restricciones en la temperatura y la acción mecánica.
	Ⓕ	Limpieza profesional en seco con esencias minerales y temperatura entre 150 ºC y 210 ºC.
○	Ⓕ (subrayada)	El mismo proceso anterior pero con restricciones en la temperatura y acción mecánica.
	Ⓐ	Limpieza en seco que admite cualquier tipo de disolvente.
	⊠	Prohibida la limpieza en seco.

Este símbolo representa la posibilidad de limpieza profesional en seco, las letras del interior del círculo nos indican distintos disolventes que se pueden utilizar y la línea que subraya al círculo nos indica que se deben tener precauciones o restricciones en el tratamiento de la prenda.

BLANQUEADO	Símbolo	Descripción
△	⚠ (CI)	Puede utilizarse lejía.
	⚠	Admite el blanqueado únicamente con productos que no contengan cloro.
	⬚	Prohibición de blanqueado.

2.2. Clasificación de los distintos tipos de fibras según su comportamiento al planchado

La fibra textil es una forma de materia sólida flexible que se caracteriza por una largura importante en relación con su espesor. Su flexibilidad es lo que le permite soportar los estiramientos en los procesos de hiladura seguido de los de tejidos, confección y posterior uso. Otras características de las fibras textiles son:

- La resistencia a la abrasión y a la formación de *pilling*.

- Tintabilidad.

- Durabilidad.

- Elasticidad.

- Capacidad para soportar lavados.

- La estabilidad dimensional en estado seco o en estado húmedo.

- La transmisión del calor y de electricidad (propensión a la electricidad estática).

- Las propiedades hidrófugas o de impermeabilidad al agua, así como la permeabilidad al aire.

Los tejidos son los resultantes de entrelazar, de forma ordenada, dos series de hilos que se entrecruzan perpendicularmente entre sí, dependiendo de cómo estos se crucen, la cantidad y la densidad, los tejidos serán de diferente calidad.

Las fibras textiles pueden ser de origen **natural** o de origen **químico** y se clasifican en función su materia prima.

Fibras de origen natural

Se encuentran en la naturaleza y son sometidas a procesos mecánicos para su utilización sin cambiar la estructura de su materia. Según su procedencia, se pueden dividir en:

- Fibras animales: lana, seda, angora, alpaca, mohair...
- Fibras vegetales: algodón, lino, esparto, yute...

Fibras animales

Lana

La lana proviene del vellón esquilado a la oveja o carnero en una operación que se lleva generalmente una vez al año.

- Entre sus propiedades cabe destacar:
  — Finura.
  — Longitud.
  — Elasticidad.
  — Suavidad.

Estas propiedades dependerán de la menor cantidad de aspereza que presenta cada fibra, lo que se aprecia fácilmente por el tacto.

La lana es un tejido bastante liviano que absorbe mucha humedad, por lo que cuesta mucho secarse. Es un buen aislante térmico, no se inflama ni se funde y se compacta con facilidad.

La lana debe lavarse con agua tibia, utilizando un jabón neutro, sin frotar ni retorcer. Escurre la prenda sin retorcerla, simplemente hazlo oprimiendo los tejidos. Colócala encima de una toalla limpia y enróllala apretando suavemente para que la toalla absorba todo el exceso de agua que conserva aún la prenda, este tipo de prendas han de secarse en horizontal. Pueden limpiarse en seco y para su planchado se aconseja baja temperatura, colocando sobre ella un paño húmedo que evitará la aparición de brillos. Existen prendas que pueden lavarse a máquina, siempre que las indicaciones de la etiqueta así lo describan.

Existen variedades de lana, como resultado de la utilización de pelo de diferentes animales, destacando las siguientes:

- El *angora* es una variedad del conejo doméstico europeo (*Oryctolagus cuniculus*) con una característica especial: la fase activa del crecimiento del pelo es del doble que en los conejos normales. Se trata de un pelo largo, muy fino y suave. Suele utilizarse para la elaboración de jerséis y otras prendas exteriores de punto. Además suele aparecer mezclada con algodón o fibras sintéticas.

- El *mohair* es un tejido hecho del pelo de la cabra de angora, originario de Turquía. A diferencia del resto de lanas que suelen ser rizadas, la de mohair es lisa y muy fina. Una de las características más destacable del mohair es su gran resistencia. También es una de las fibras naturales con mayor elasticidad y menor tendencia a las arrugas. Tiene un brillo semejante a la seda y una superficie más suave que la lana. El vellón lavado es de un color blanco lustroso. Las propiedades químicas son las mismas que las de la lana y tiene buena afinidad por los colorantes.

- *Cabra de cachemira* es una fibra textil muy utilizada en la confección de chales (la pashmina es un tipo de tejido de lana de cachemir) por su elevado precio suele verse mezclada con otras fibras. La fibra se obtiene de la parte más profunda, más fina y delicada de la lana de cabra. Requiere un cuidado especial, como una esmerada protección al roce intensivo, que promueve la aparición del frisado. Las fibras son calientes, de tacto graso. El cachemir es más sensible a los productos químicos que la lana.

- También se pueden incluir dentro de esta clasificación los pelos de los siguientes animales: alpaca, llama, camello, cabra de angora, vicuña, yack, castor, nutria…

Seda

Deriva de una sustancia viscosa producida por unas glándulas del gusano de seda (bómbix morí) que, en contacto con el aire, se solidifica conservando cierta elasticidad. Las sedas pueden ser utilizadas crudas o bien después de haber sido sometidas a un tratamiento que las transforma (torsión, tintura, etc.).

Conforme sea tejida la seda se pueden obtener diferentes tejidos:

- El *pongé* es un tafetán de seda: un tejido blanco, ligero y un poco brillante, de trama simple y peso variable, textura lisa y tupido. Es asequible y suave, el vapor y el lavado en seco mejoran su brillo y su tacto.

- La *seda rústica* es un tipo de seda de mayor gramaje, resistente, granulosa, basta y sin brillo. Se puede pintar una vez desengomada y blanqueada. Se usa para indumentaria o batiks africanos.

- El *dupion* es un tipo de seda natural del gusano tasar (tipo de gusano criado en libertad), brillante, de color crudo, textura basta y rígida con hilos irregulares que dificultan el tinte. Se usa para cortinas, mantillas y vestidos de ceremonia.

- La *organza* es un tipo de seda con ligamento tafetán ligera y con trama abierta. Tiene poca caída y mucho apresto debido a que su filamento conserva la sericina.

- El *twill* es un tejido de sarga, seda muy suave, de trama muy tupida, muy resistente. Es muy popular.

- *Satén*, *satín* o *raso*: se teje en seda, de tacto grueso y suave, su aspecto es de un brillo comparable solo a algunos terciopelos.

- *Crepé satín*: el crepé satín muestra las características del satín por un lado y las del crepé por el otro. Tiene una gran caída, lo que hace que sea un tejido ideal para pañuelos, fulares y vestimenta.

- Gasa, transparencia muy ligera, sutil, fina y de gran suavidad, caracterizada por la poca densidad de los hilos de urdimbre y trama. No se debe escurrir y se plancha a baja temperatura, cuando esté casi seca.

Características de la seda:

- Brillo natural.

- Buena absorción de la humedad, y resistencia que disminuye cuando se moja.

- También posee un buen nivel de elasticidad, y su extraordinaria ligereza confiere a las prendas caída y movimiento.

- En contacto con la piel, el tejido de seda aporta sensación de calor.

- Se planchan siempre bajo un lienzo protector y calor moderado.

- Otros consejos que debemos tener en cuenta cuando tratemos con tejidos de seda serán:

  — No se aconseja rociar con perfume o desodorante.

  — No aplicar blanqueantes.

  — Procurar que no se dejen estos tejidos durante mucho tiempo bajo la luz solar.

  — Evitar rociar con agua cuando se plancha.

  — Planchar la seda siempre del revés.

  — Evitar doblar.

Fibras vegetales

Algodón

Esta fibra textil se obtiene de una planta de la familia de las malváceas que se cultiva en las regiones tropicales. La planta del algodón necesita mucha agua durante su crecimiento y poca en el periodo de maduración de las semillas. Cuando estas han madurado, quedan recubiertas de unos copos blancos que, cuidadosamente procesados, se convierten en tejido de algodón.

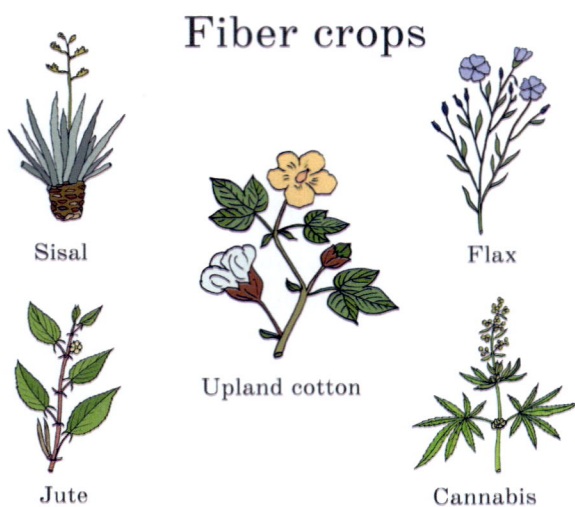

Fiber crops

Sisal

Flax

Upland cotton

Jute

Cannabis

Esta fibra tiene varias propiedades que hacen que su uso esté tan extendido:

- Absorbe la humedad y expulsa el calor corporal.

- Se tiñe bien.

- No genera electricidad estática.

- Es aislante y soporta altas temperaturas.

- Se puede lavar sin problema de 30 a 40 grados en la lavadora, se plancha fácilmente y admite el uso de lejía.

Es una fibra mate, pero se puede conseguir que brille a través de un tratamiento con sosa.

Se clasifican según su procedencia en:

- Algodón americano. Su color varía del blanco al cremoso. Tiene un precio elevado. Su longitud es de 2» y diámetro 0,017 mm. También es conocido como «Sea Island».

- Algodón egipcio. Es el tipo de algodón de más calidad por ser el de fibra más larga, lo que le otorga especiales cualidades en suavidad, resistencia y absorción de la humedad, etc. También conocido como «jumel». Existen dos tipos: blanco y pardo. Sus longitudes son 1 ½» a 1 3/16» con 0,017 mm y 1» con 0,018 mm respectivamente.

- Algodón indio. Es de calidad inferior. Es de corta longitud ½» a 5/8». Su color es amarillento y rojizo.

El tejido de algodón se puede presentar de diferentes formas, en las que destacamos los siguientes géneros:

- Batista:

  — Las batistas son telas de algodón con diversos tipos de labor y se pueden usar para la confección de prendas infantiles, complementos infantiles, protectores de cuna, colchas, etc.

- Popelín:

  — El popelín se utiliza para fabricar vestidos y también para tapicería fina. También se extiende su uso a la fabricación de camisas.

- Piqué:

  — El piqué se emplea para corbatas, playeras de polo, vestidos de mujer y ropa infantil.

- Chintz:

  — Es una tela de algodón lisa o estampada, que suele tener un acabado lustroso. Es un tejido que a menudo se trata para repeler las manchas y se usa para tapicería.

- Vichy:

  — Se trata de un tejido fresco con cuadrados o rayas de dos colores y diferentes tamaños. Se recomienda para la ropa de niño, vestidos, faldas, ropa de hogar, etc.

- Seersucker:
  - Se trata de un tipo de tejido con un aspecto fruncido, no se recomienda planchar mucho para que no pierda sus propiedades. Se puede usar para ropa de verano, faldas, camisas y ropa de niño.
- Rizo:
  - Ideal para albornoces, toallas, ropa de baño y playa. Se trata de un tipo de algodón muy absorbente y es necesario lavarlo antes de su primer uso para que quede suave.

La facilidad de planchado depende en gran medida de la calidad del hilo con el que está fabricado el tejido. Un tejido fabricado con hilo de algodón peinado de fibra larga es mucho más fácil de planchar que la mayoría de tejidos de algodón que comúnmente se encuentran en el mercado, fabricados con hilos de calidad inferior.

Otro factor que influye en el planchado es el tipo de tejido. El tipo de tejido satén, por su estructura, es más fácil de planchar que un tejido tipo percal.

Lino

Fibra procedente del interior del tallo de la planta de lino. En los establecimientos de alojamiento suelen utilizarse, sobre todo, para mantelerías. Su uso más habitual es para la confección de prendas frescas para el verano por su capacidad de absorción y frescura, ya que su temperatura se mantiene baja. Es un tejido más resistente que el algodón a los agentes naturales. Su mayor inconveniente es que tiene poca elasticidad, lo que provoca que sea fácilmente arrugable.

Las telas de lino permiten tanto el lavado en seco como con agua y detergente sin ningún cuidado especial, únicamente tener en cuenta que la estabilidad dimensional en estado seco o en estado húmedo varía. Los tejidos de lino se pueden blanquear con cloro, pero debemos evitar temperaturas muy elevadas, ya que provoca que se amarillee. Un inconveniente de este tipo de tejidos surge a la hora del planchado, ya que repele el calor, por lo que es necesario emplear altas temperaturas y vapor, o bien plancharlas cuando aún están húmedas, debe evitarse planchar encima de pliegues. Se pueden encontrar los tejidos de lino mezclados con poliéster, lo que favorece el proceso de planchado.

Actualmente, se están utilizando revestimientos decorativos procedentes de multitud de especies vegetales (coco, retama, algas…), de las que a través de su tallo, hoja o fruto se extraen tejidos de muy diversa funcionalidad. Debemos prestar atención a estas fibras de origen vegetal, que se utilizan habitualmente en la decoración de los establecimientos hoteleros, ya que habrá que realizarles tratamientos de limpieza, por lo que es importante conocer las características principales de alguna de ellas.

Cáñamo

Los filamentos de esta fibra están contenidos en la planta del mismo nombre (Cannabis sativa), perteneciente a la familia de las cannabáceas, que crece en climas templados-húmedos. La elaboración de la fibra es similar a la del lino. Con el cáñamo se fabrican tejidos rústicos que se suelen emplear en decoración. No es muy resistente al lavado.

Yute

Se extrae de algunas plantas de la familia de las tiláceas, cultivadas en la India y en China. Para obtener la fibra se secan los tallos de la planta, se maceran y se trabajan de un modo similar a como se hace con el lino. Con el yute se teje la tela que se usa en la fabricación de sacos y bolsas rústicas, también se confeccionan alfombras y tejidos para la decoración.

Sisal

La fibra del sisal se obtiene de las hojas del *Agave sisalana,* nativo de México. El sisal es usado en cordeles y sogas.

Fibras de origen químico

Fibras artificiales

Se fabrican a partir de la transformación química de productos naturales.

Rayón y viscosa

El *rayón* es una fibra celulósica artificial cuya materia prima, pulpa de madera o pelusa de algodón se somete a un cambio físico. Otras denominaciones similares son *viscosa*, cupro y modal, en función del procedimiento de obtención. Estas fibras de viscosa regenerada se obtienen por el procedimiento viscoso para el filamento y para la fibra discontinua. Es similar al algodón, pero de inferior calidad. Tiene gran poder de absorción de agua. Es sensible a los ácidos y poco resistente a la humedad. Su color es poco sólido. El tejido producido con este hilado tiene un aspecto brillante, similar al de la seda. Es recomendable la limpieza en seco y planchar con mucha precaución, bajo un paño húmedo.

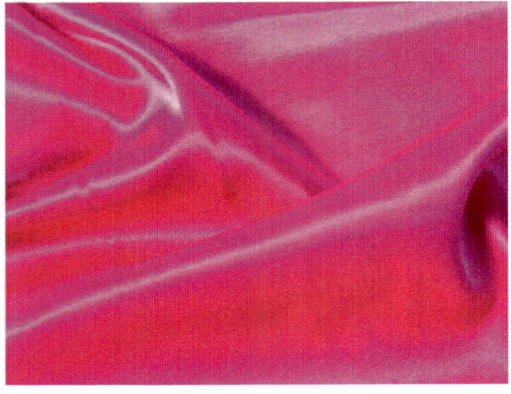

Acetato

La tela de acetato es una seda sintética que se fabrica con hilos de fibra de acetato de celulosa. Es resistente y fácil de conservar, pero es muy sensible al calor, por lo que se debe tener especial cuidado al planchar. Las fibras de acetato se utilizan en indumentaria femenina muy variada, desde lencería y batas hasta trajes de baño y blusas. En indumentaria masculina, se emplean en la fabricación de camisas, corbatas, pijamas, calcetines, etc., pero también tiene amplio uso en forros. Se trata de fibras termoplásticas, por lo que pueden ser plisadas y termofijadas. Su principal característica es el brillo, que imita la apariencia de la seda natural. Otras características físicas también destacables de estas fibras son su tacto excelente, buen cayente y flexible.

Fibras sintéticas

Se elaboran mediante síntesis químicas, a través de un proceso denominado polimerización. Su fabricación industrial permite la producción de tejidos en gran cantidad. Las fibras sintéticas más importantes son:

Poliéster

Las fibras de poliéster destacan fundamentalmente por ser resistentes y ofrecen la ventaja de no deformarse, gran resistencia a las arrugas y de fácil cuidado, tiene un buen comportamiento en los tratamientos de lavado. Es la fibra sintética más utilizada, y muy a menudo se encuentra mezclada con otras fibras para reducir las arrugas, suavizar el tacto y conseguir que el tejido se seque más rápidamente. Son adecuadas para mezclas con viscosa y lana. Además, tienen buena resistencia a la luz y al uso, y son muy resistentes a los ácidos y a los oxidantes. Como propiedades menos favorables, pueden destacarse las siguientes: moderada recuperación elástica, necesidad de teñirlas en condiciones especiales, el carácter oleofílico incrementa tendencia a ensuciarse por grasas, muy inflamables en mezclas con fibras celulósicas, baja absorción de humedad, generación de cagas electrostáticas, tendencia a la formación de *pilling*, poca resistencia a los álcalis, entre otras.

Poliamina

Las únicas fibras de poliamida importantes por su volumen comercial son el nailon. Son las fibras sintéticas más antiguas. Se fabrican en forma de hilo continuo y tiene una capacidad óptima de estiramiento, elasticidad y resistencia al uso. A temperaturas elevadas o en presencia de luz solar las fibras de nailon experimentan un ataque oxidante con amarilleamiento y pérdida de resistencia.

Acrílicos

Como el dralón, es muy similar a los tejidos de lona. Tienen tendencia a formar *pilling*, su capacidad de aislamiento térmico es muy buena. Posee una excelente resistencia a la intemperie y a la luz solar. Son moderadamente resistentes a la oxidación y a la decoloración producida por el calor. Entre los principales usos de este tipo de fibras destacan la fabricación de prendas exteriores de punto, mantelerías, cortinas, tapicerías, mantas, alfombras y terciopelos.

Fibras de elastato

Están formadas por al menos un 85 % de masa de un poliuretano segmentado y, cuando se las estira, hasta alcanzar tres veces su longitud original recuperan rápidamente su longitud original al cesar la fuerza de tracción. Un ejemplo sería la lycra, cada vez más utilizada en la fabricación de textiles elásticos. Se utiliza conjuntamente con otras fibras para fabricar tejidos óptimos para producir ropa interior, ropa femenina o calcetines. También está presente en pantis y medias, así como en ropa deportiva y en ropa de baño debido a sus propiedades elásticas.

Este tipo de fibras se alteran por agentes de blanqueo a base hipoclorito con amarilleo, por lo que se suelen blanquear con peróxido de hidrógeno o con perborato. Se comportan bien a los lavados repetidos y a la limpieza en seco y pueden secarse con facilidad a temperaturas inferiores a 120 ºC. El calor las ataca a altas temperaturas y la luz solar las daña lentamente amarilleándolas.

Clorofibras

Por ejemplo, el Rhovil y el Therman no son inflamables, se utilizan para cortinas y tapicerías.

2.3. Comportamiento de los distintos tipos de telas según su comportamiento al planchado

En el mercado existen multitud de fibras con las que se confeccionan los diversos tejidos, así pues, un tejido es el resultante de entrelazar de una forma ordenada dos series de hilos que se entrecruzan perpendicularmente entre sí. Existe una serie de características en los tejidos que son los que de un modo u otro los identifican.

- *Trama*:
    - Son los hilos trasversales. La trama se introduce en un elemento que se llama lanzadera a través de la apertura de los hilos longitudinales denominados colada. Cada inserción de trama comprendida entre uno y otra del tejido recibe el nombre de pasada.

- *Urdimbre*:
    - Son los hilos longitudinales. En un telar, los hilos que componen la urdimbre se desarrollan paralelos a un cilindro, de donde pasan a otro llamado plegador, lugar en el que se almacenan los tejidos.

- *Densidad del tejido*:
    - Es el número de hilo y de pasadas por centímetro cuadrado de longitud. Cuantos más hilos y pasadas existen por centímetro cuadrado, más tupido será el tejido.

- *Ligamento*:
    - Es la forma de cruzar los hilos con las pasadas. Los ligamentos más conocidos son:
        - Tafetán. Utilizado en sábanas.
        - Rizo. Usado para toallas.
        - Sarga. Se usa en paños de cocina.
        - Raso. Tienen una superficie muy lisa.
        - Crepé. Producen un relieve ondulado.
        - El percal es el tipo de tejido de estructura más básica. Para su fabricación, se entrecruza un hilo a lo ancho del tejido y un hilo a lo

largo y así sucesivamente, en todo el proceso de tejeduría. Es un tejido de estructura regular que destaca por su tacto natural, resistencia y excelente transpirabilidad.

- El satén es un tipo de tejido en el que, para su fabricación, se entrecruzan cuatro hilos a lo ancho del tejido y un hilo a lo largo y así sucesivamente, en todo el proceso de tejeduría. Esta estructura le confiere al tejido su suavidad y brillo característicos y facilita el planchado.

- *Calidad*:

— Depende del grosor del hilo empleado, del número de hilos de urdimbre y del número de pasadas o tramas. Es de mayor calidad el tejido que tiene más hilos y más pasadas y esto se consigue empleando el hilo más fino, lo que encarece el proceso y por tanto el precio.

- *El tejido no tejido*:

  — La tela sin tejer es un compuesto entramado de diferentes fibras. Esta hecho sin orden aparente y tiene aspecto de prensado. Se utiliza para la fabricación de bayetas, mochos y fregonas.

Actualmente, cuando se adquieren diferentes prendas textiles, en ocasiones se requiere que estas tengan propiedades especiales según el uso al que se destinen como:

- Antimicrobianos: no permiten desarrollar olor al transpirar, ni bacterias, suelen ser prendas elaboradas con fibras de bambú.

- Antialérgicos: especiales para personas con problemas de alergias.

- Anti-UV: protectores solares.

- Luminiscentes: para seguridad. Brillan en la oscuridad.

- Reflectancias: permiten mimetizarse en el medio exterior. Una especie de camuflaje.

- Autolimpiantes: impiden que penetren las manchas. Tejidos imitan superficie hoja de loto.

- Microencapsulado: mantienen la temperatura corporal, tratamientos cutáneos, liberan fármacos.

- Materiales que respiran: impermeables al agua pero que permiten la transpiración.

El comportamiento de los tejidos ante el planchado depende de las características de las fibras de las que están compuestos. Por este motivo, podemos agrupar las telas en diferentes clases, pero para todas las que necesiten planchado seguiremos unas recomendaciones generales:

- El planchado de la ropa blanca se realiza generalmente sobre el derecho de la prenda y en el sentido del largo. Los vestidos, bordados y encajes, en cambio, se planchan por el revés para que no reflejen brillos.

- Para evitar que la ropa y el forro de la tabla de planchar se ensucien o tuesten, se debe controlar que la plancha y la chapa de apoyo estén siempre limpias, la tabla de planchar debe estar forrada con un muletón.

Es muy importante revisar la ropa antes de su planchado por si tuviera algún desperfecto.

Las telas ligeras como la muselina, seda de organza, batista, etc., son finas, ligeras y transparentes, por lo que necesitan una manipulación muy cuidadosa. Se deben seguir siempre indicaciones de la etiqueta identificando los símbolos para su planchado.

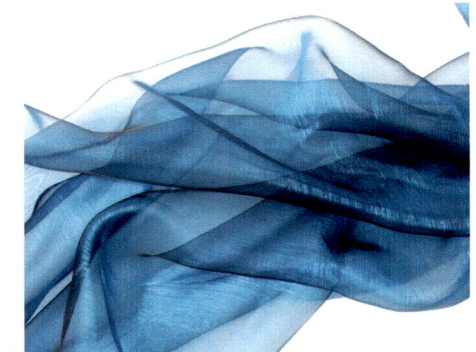

Las telas medias como el satén, popelina o la franela, entre otras, se utilizan tanto para prendas de vestir como para decoración. Se deben planchar por el reverso o utilizar una tela para proteger la superficie.

Las telas de encaje, terciopelo, tafetán, lamé, gasa, tul, etc., son muy delicadas, algunas están acabadas a mano y son caras. Necesitan manipularse lo más cuidadosamente posible y mantenerlas planas, para evitar la necesidad de planchado. Se han de planchar del reverso y se debe utilizar una tela para proteger su superficie. Se utilizará una plancha de vapor para evitar que el agua deje marcas.

Las prendas de algodón y lino se planchan al derecho y la prenda debe estar húmeda. Si estuviera muy seca a la hora del planchado, esta se rociará ligeramente con agua de forma uniforme. En el momento del planchado se aplicará la plancha directamente sobre el tejido.

La lana y los tejidos similares se han de colocar al revés. Se pone un paño húmedo encima y se plancha sin apretar, se puede repasar haciendo el mismo procedimiento pero con la prenda al derecho. La plancha debe estar templada.

Las prendas de nailon, por lo general, no necesitan planchado. Se colgará la prenda mojada en una percha, así se secará más rápido y evitaremos que se arrugue. En el caso de que el planchado sea necesario, lo haremos a temperatura baja.

Para las prendas de terciopelo se aconseja que se cuelguen en una percha y se planchen al aire por el interior.

2.4. Técnicas de clasificación de la ropa para el planchado

El personal de la lavandería-lencería, antes de comenzar su jornada, debe comprobar que las máquinas estén encendidas y la calandria preparada para que, cuando llegue el personal de taller de planchado, tengan todo dispuesto para comenzar el trabajo.

En algunos establecimientos, la lavandería cuenta con personal en el turno de tarde, cuya labor consistirá en el lavado y secado de ropa de habitaciones, para que a primera hora se proceda en la lavandería a la clasificación de las prendas ya lavadas y secas separando aquellas que necesitan ser plegadas y las que hay que planchar. Estas últimas se dividirán, a su vez, según su proceso de planchado en forma o lineal.

Seguidamente, se prepararán todos aquellos elementos que se necesiten para desarrollar las tareas, carros de transporte, percheros, etc. Debe considerarse la amplitud de las instalaciones para facilitar el movimiento interno de las personas, de los materiales y, sobre todo, para evitar que existan cruces entre los procesos.

2.4.1. Identificación

En la lavandería-lencería se han de seguir unos procesos determinados para los tratamientos de las diferentes prendas.

En función del tratamiento que requiere la ropa, la dividiremos en tres grupos:

- Plana:
  - Aquellas prendas que no necesitan secado pero sí planchado, como las sábanas, fundas almohada, alfombrilla de pie de cama, toalla fina, manteles, cubres, servilletas, etcétera.
- Rizo:
  - Aquellas prendas que necesitan secado pero no requieren planchado, como las toallas, alfombrines, albornoces, paños de cocina, etcétera.
- Ropa en forma:
  - Uniformes, ropa de cliente y otro tipo de prendas que necesitan tratamientos específicos de lavado, secado o planchado.

Una vez que las prendas están separadas por grupos, se seguirán los diferentes procesos de lavado para, posteriormente, seleccionar todas aquellas prendas que necesiten secado de las que pasarán directamente a la zona de planchado.

Tanto las lavadoras, secadoras y máquinas para el planchado utilizarán prendas iguales para cada programa, ya que entre otras cosas las prendas necesitarán tratamientos específicos para cada clase. A continuación veremos un esquema en el que se detalla cada proceso.

2.4.2. Descripción y aplicación

- Los tejidos de seda o con seda jamás se rociarán con agua. Si fuese necesario, se meterá la prenda totalmente en agua y con la plancha templada.

- La lana se ha de planchar con la plancha tibia y un paño húmedo. Para el cachemir, alpaca, mohair y similares, se puede usar la plancha más caliente y pasar varias veces por el tejido utilizando algo de vapor.

- La ropa de algodón soporta temperaturas altas, es conveniente humedecer antes el tejido.

- El lino debe plancharse siempre en húmedo.

- La pana rayada se plancha del revés y con un paño húmedo.

- Piqué, planchado en húmedo con la plancha a temperatura elevada y del derecho.

- El nailon y los acrílicos a temperatura baja o media.

- Los tejidos artificiales son muy sensibles al calor, por lo que se han de planchar a temperatura baja y con la prenda seca.

Debemos recordar que siempre hay que mirar la etiqueta del fabricante, ya que las prendas, en su mayoría, están compuestas por varias fibras, lo que supone que puede haber variaciones en su tratamiento.

ACTIVIDADES DE REPASO Y AUTOEVALUACIÓN

2.1. ¿Qué debemos hacer antes de proceder a cualquier tratamiento de conservación y mantenimiento de la ropa?

2.2. Relaciona el tipo de etiqueta con su definición.

Etiquetas de identificación.	Se incluye información sobre el producto y conservación. No es obligatorio, pero suele aparecer en la práctica totalidad de las prendas.
Etiquetas de composición.	Identifican la prenda individualmente.
Etiquetas de conservación o mantenimiento.	Incluyen los datos del fabricante, comerciante o importador y proporcionan información sobre la composición del producto.

2.3. Para poder realizar un buen tratamiento a una determinada prenda, debemos identificar correctamente su simbología en el etiquetado. Relaciona cada símbolo con su identificación correspondiente.

○	Prohibición de secado
⊙	Indica que la prenda debe secarse en cuerda
⊠	Acepta secadora a cualquier temperatura
⊓	Se puede utilizar secadora a temperatura media

2.4. Existen productos textiles que que están exentos de la obligación de etiquetado. Nombra alguno de ellos.

2.5. Las fibras textiles pueden ser de origen natural o de origen químico y se clasifican en función su materia prima. Relaciona cada fibra con su origen.

Fibras de origen natural	Popelín
	Acetato
	Lana
	Viscosa
Fibras de origen químico	Poliéster
	Seda
	Clorofibras
	Algodón

2.6. Tres de estas cinco afirmaciones corresponden a indicaciones que se deben tener a la hora de tratar la lana. Identifícalas.

	Debe lavarse con agua tibia, utilizando un jabón neutro, sin frotar ni retorcer.
	Colócala encima de una toalla limpia y enróllala apretando suavemente para que la toalla absorba todo el exceso de agua.
	Se planchan siempre bajo un lienzo protector y calor moderado.
	Evitar rociar con agua cuando se plancha.
	Para su planchado se aconseja baja temperatura, colocando sobre ella un paño húmedo que evitará la aparición de brillos.

2.7. Selecciona la afirmación correcta:

a. El personal de la lavandería-lencería, al comenzar su jornada, apagará las máquinas que estén encendidas.

b. El personal de la lavandería-lencería, antes de comenzar su jornada, debe comprobar que las máquinas estén encendidas.

c. El personal de la lavandería-lencería, al finalizar su jornada, debe dejar las máquinas encendidas.

2.8. En función del tratamiento que requiera la ropa, la dividimos en tres grupos: plana, de rizo y ropa en forma. ¿Podrías citar al menos dos prendas incluidas en cada uno de estos grupos?

02.9. Identifica cada símbolo con su descripción correspondiente:

⌷ (plancha)	Lavado.
○	Limpieza en seco.
⛋ (cubeta)	Secado.
△	Planchado.
□	Lejiado.

2.10. Selecciona la afirmación correcta:

a. Las prendas de nailon, por lo general, necesitan un planchado a altas temperaturas.

b. El planchado de la ropa blanca se realiza generalmente sobre el derecho de la prenda y en el sentido del largo.

c. Las prendas de algodón y lino se planchan al derecho y la prenda debe estar seca.

3. Planchado, plegado, empaquetado o embolso de ropa en alojamientos

Contenidos

Objetivos

Describir las técnicas de planchado, doblado y presentación de la ropa.

Explicar los tipos, manejo, limpieza y mantenimiento en el uso de las máquinas, útiles y herramientas utilizados habitualmente en el planchado, doblado o plegado de la ropa.

Describir los procesos de planchado en función del tipo de prenda, tejido y fibra, y de la maquinaria utilizable.

Las lavanderías-lencerías de los establecimientos de alojamiento, además de tener una zona específica para el lavado y secado de la ropa, poseen una zona destinada al planchado, empaquetado y embolso de las prendas que así lo requieran. En esta zona las prendas se someten a tratamiento de calor y presión para la eliminación de las arrugas. Estos tratamientos pueden realizarse por medios manuales o mecánicos, dependiendo de la composición del tejido y las indicaciones del etiquetado.

En esta zona de lencería se desarrolla el proceso de aprovisionamiento interno de productos de acuerdo con determinadas órdenes de servicio o planes de trabajo diario.

Para poder realizar las tareas de planchado, plegado, empaquetado y embolsado de la ropa se han de identificar las características del planchado y aquellas indicaciones de doblado y presentación de los lotes de ropa que se vayan a planchar.

El personal de lencería debe disponer y programar la maquinaria necesaria para efectuar las operaciones de planchado, prestando especial atención a las características de cada lote de ropa y sus especificaciones.

A lo largo del proceso de planchado, plegado, empaquetado y embolso de ropa pueden surgir anomalías, por lo que el personal de la lencería ha de detectarlas y comunicarlas para que se proceda a la realización de las acciones de mejora necesarias.

3.1. Procesos de planchado y plegado

El proceso de planchado es el que le da a la prenda su aspecto original. El plegado nos sirve para almacenar y transportar las prendas cómodamente, evitando que se arruguen, y el embolsado se utiliza para aquellas prendas que vamos a tener almacenadas y que así lo requieren.

Atendiendo a los materiales a planchar, podemos dividir el planchado en cuatro grandes grupos:

- Planchado de fibras de tipo celulósico.

- Planchado de fibras de procedencia animal.

- Planchado de fibras sintéticas.

- Planchado de fibras de género de punto.

La diversidad de modelos y tejidos obliga a particularizar los procesos de trabajo, siendo esta fase la que mayor variedad de maquinaria tiene y cuya evolución tecnológica ha sido notable.

3.1.1. El planchado: tipos

Se diferencian dos tipos de planchado, manual y mecánico.

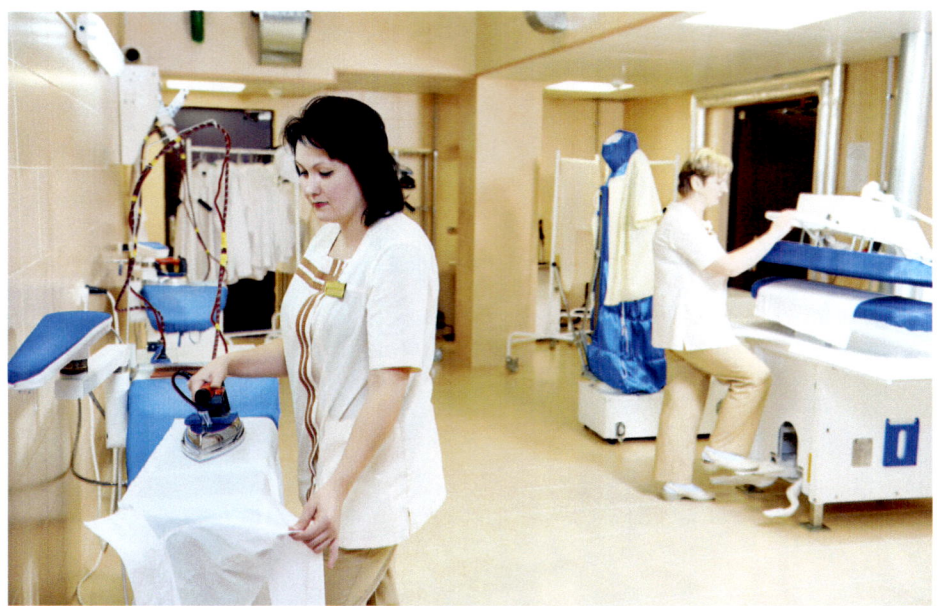

- **Manual**

  El planchado manual tiene por objeto la eliminación de arrugas que pueda tener el tejido y dar a la superficie de este un aspecto uniforme y vistoso utilizando una plancha de mano convencional.

  — El planchado manual precisa de dos superficies: una superior constituida por la base de la plancha de mano y la inferior constituida por la propia mesa de trabajo. Este sistema de planchado se suele utilizar para prendas donde no se puede planchar mecánicamente y cuando debemos repasar zonas como botonaduras, puños o cuellos. Según los tejidos, existen multitud de planchas con diseños especiales. Las suelas de las planchas son uno de los elementos más importantes, pudiendo encontrar bases de acero, que son más resistentes, realizadas con acero inoxidable o revestido de esmaltado, y bases de aluminio, que resisten mejor los arañazos y se deslizan con mayor facilidad sobre los tejidos.

  Las planchas de mano semiindustriales o para profesionales pueden ser:

  — De calor seco, plancha eléctrica (por resistencia eléctrica).

  — De calor húmedo, plancha de vapor (por vapor de agua). Dentro de esta clasificación hay dos tipos:

- **Plancha con vapor de agua**: el vapor se produce dentro de la plancha a partir del agua bombeada desde un depósito auxiliar.

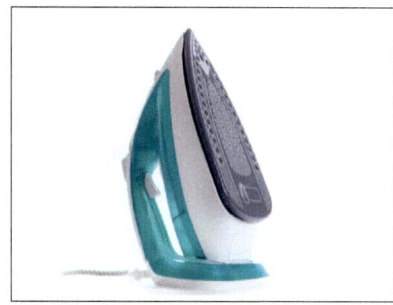

- **Plancha de vapor con generador de vapor**: no es la plancha la que produce el vapor, sino un generador independiente. La caldera tiene una capacidad de 3,3 litros. La cantidad de vapor es mayor y el planchado resulta más fácil.

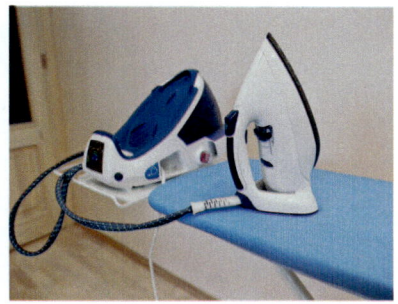

Durante el planchado manual hay que seguir una serie de recomendaciones:

— Es importante revisar la ropa antes de su planchado para comprobar que no haya botones o bolsillos descosidos, dobladillos deshechos, etc. Si cuando se comprueba la prenda se detectara algún desperfecto susceptible de ser arreglado, esta pasará por el taller de costura.

— Comprobar que tenemos a nuestra disposición todos los utensilios necesarios para realizar nuestro trabajo.

— No planchar sobre alfileres porque rayarán la base de la plancha, además de dejar marcas en la tela.

— Los tejidos de lycra, materias sintéticas como forros polares y telas laminadas no se plancharán.

— Plancharemos al revés para evitar brillos.

- **Mecánico**

Se realiza con máquinas especializadas como calandrias, rodillos, prensas, mesas de vaporizar, maniquíes o túneles de acabado.

Al igual que en el planchado manual, el planchado mecánico se puede llevar a cabo en seco y en húmedo.

Se utilizarán métodos de planchado concretos para cada prenda, dependiendo de características como el modelo, el tejido, etcétera.

Su uso dependen de la cantidad de ropa que se lave, si en un establecimiento de alojamiento se lavará la totalidad de las sábanas, fundas, mantelería, uniformes, etc., se necesitaría este tipo de planchado mecánico, por la cantidad de ropa a tratar.

El planchado de la ropa plana, como sábanas o manteles, se realizará en la calandria, estirando la tela en toda su amplitud o doblándola por la mitad, dependiendo del ancho de la máquina, a medida que se va planchando se pliega.

3.1.2. Factores que intervienen en su eficacia: temperatura, presión, vapor, tiempo y humedad

Para que un planchado sea eficaz se deben combinar perfectamente los parámetros de humedad, presión, temperatura y vacío, con los elementos mecánicos disponibles, planchas, calandrias, rodillos, etc., que deben presentar unas superficies adecuadas para las prendas a tratar. Otro factor importante es la correcta manipulación de las prendas por parte del personal de lencería. Las prendas deben ser colocadas y estiradas de forma correcta para que, al ejercer la presión de la máquina, el resultado sea el esperado.

- *Humedad*:
    - Al combinarse el vapor y el calor, preparan y acondicionan las fibras de la tela a tratar, lo que provoca que estas se moldeen y fijen más fácilmente. Una excesiva humedad hace bajar la temperatura sensiblemente.

- *Presión*:
    - Es la fuerza que ejerce la máquina de planchado sobre las prendas a tratar. Las planchas mecánicas ejercen la presión de forma homogénea, ya que están preparadas y programadas para ejercer esta presión. En cambio, cuando la presión se hace de forma manual, es el operario quien ejercerá mayor o menor presión en determinadas zonas de la prenda. Una mala colocación de la prenda y una inadecuada presión puede provocar una arruga mayor.

- *Vapor*:
    - Es el que produce la máquina en el depósito una vez que alcanza la temperatura de ebullición del agua, haciendo que esta se evapore y salga por los orificios de la plancha. Al humedecer las fibras con el vapor, estas pierden su rigidez, haciéndose más manejables y favoreciendo la penetración del calor en las fibras.

- *Temperatura*:
    - En las etiquetas de las prendas, podemos ver mediante los símbolos de planchado la temperatura aconsejada para tratarla. Este símbolo de la plancha puede tener dibujado en su interior uno, dos o tres puntos que indican la temperatura adecuada para el tipo de prenda.

⊡ (un punto)	La temperatura máxima debe ser de 110 ºC para prendas de acetato y tejidos que contengan elastano. Se debe planchar sin vapor, ya que planchar puede causar daños irreversibles.
⊡ (dos puntos)	La temperatura máxima de la base de la plancha será de 150 ºC para tejidos con mezclas de poliéster, lana, etcétera.
⊡ (tres puntos)	La temperatura máxima de la suela de la plancha no superará los 200 ºC. Suele usarse en tejidos de algodón, lino, viscosa, etcétera.

El *vacio* es el movimiento del aire a través de la prenda a una velocidad y presión establecida según el tipo de tejido.

Considerando estos factores, hay que tener en cuenta unas recomendaciones generales:

- La seda se planchará un poco húmeda, con la plancha templada. Debemos evitar el vapor y las altas temperaturas.

- El algodón también necesita un poco de humedad para que el planchado sea el conveniente. Los tejidos de algodón se arrugan fácilmente, pero resisten bien el calor de las máquinas de planchado en general.

- El lino se plancha en húmedo siempre.

3.1.3. Programas de planchado y plegado automáticos

La ropa plana suele plegarse con procedimientos mecánicos, utilizando para ello máquinas especiales que realizan esta función, o bien se incorporan a las máquinas ya existentes.

Existen en el mercado numerosos modelos de calandrias murales con plegadores longitudinales, trasversales y apiladores, con opción de salida frontal o posterior de la prenda, lo que ofrece gran adaptabilidad a los espacios de trabajo.

El túnel de planchado automático plancha diferentes tipos de ropa en forma utilizando programas diferenciados para cada prenda a tratar. La automatización de los túneles de planchado con diferentes programas y con regulación de temperatura, vapor y velocidades de transportadores y ventilación favorece que, de forma continua, se puedan tratar diversas prendas. El proceso de utilización para este tipo de máquinas comienza con la selección de temperatura y circulación de aire, que es la que le proporciona la ventilación adecuada y la programación de vapor y velocidad de planchado determinado por el número de piezas por hora.

Este tipo de elementos no suelen verse de forma habitual en las lencerías de los establecimientos de alojamiento, que continúan utilizando el doblado manual, debido al coste elevado de este tipo de maquinaria, al volumen de ropa en forma que se ha de planchar en los establecimientos y a los espacios que se dispone. Ocurre lo mismo con las plegadoras mecánicas, que no son habituales en los establecimientos, ya que aun habiendo gran volumen de ropa, esta es de muy diversos tipos y clases, por lo que carecería de sentido una plegadora para cada tipo de prenda. Si el establecimiento dispusiera de plegadoras adaptadas a las calandrias, estas dispondrían de un sistema de cálculo de piezas para facilitar el control de la productividad de la máquina y del personal que la maneja. Las plegadoras recogen la prenda estirada, realizando los pliegues oportunos y manteniéndolas sujetas durante todo el proceso y mediante la aplicación de sopladores de aire que las empujan y mueven, facilitando el doblado. La plegadoras más innovadoras cuentan con programas de plegado diferente para cada tipo de prenda y departamento que las vaya a utilizar. Además, cuentan con programas que detectan prendas sucias o rotas, apartándolas automáticamente del proceso de plegado.

3.1.4. Técnicas básicas de ahorro de energía

El equipamiento de la lavandería-lencería tiene relación con el número de plazas que existen en el establecimiento de alojamiento y en el rendimiento que se quiere sacar de ambas.

Este consumo conlleva para el establecimiento de alojamiento unos costes, indispensables si se quiere proporcionar al cliente un servicio de calidad en los procesos de lavado, planchado y plegado de ropa.

El departamento de lencería consumirá más energía cuanta más mecanización exista. En los establecimientos de alojamiento se establecen controles de calidad que permiten obtener información sobre diferentes aspectos, para lograr el máximo provecho a los procesos en lavandería-lencería.

Es muy importante revisar las máquinas que se van a utilizar, comprobar que están limpias y que funcionan correctamente, así como planificar las tareas de planchado para que se hagan de forma homogénea, evitando tiempos muertos, por lo que se aconseja empezar a planchar cuando haya una cantidad adecuada de prendas.

En lo referente al ahorro de energía, se podrían tomar una serie de medidas relativamente sencillas que permiten reducir los costes:

- Controlar mensualmente los consumos en productos y dosificaciones, en relación a los kilogramos de ropa lavada.

- Utilizar sistemas de iluminación eficientes, manteniendo las lámparas, focos y otros elementos en perfectas condiciones de mantenimiento y limpieza.

- Aprovechar la luz natural para aquellas tareas que no requieran maquinaria, como doblar o planchar.

- Las paredes y suelos deberán ser de colores claros para aprovechar más la luz y producir luminosidad.

3.1.5. Factores

Existe otra serie de factores que intervienen en la eficacia del planchado. Se debe hacer hincapié en la adquisición de tejidos de calidad acordes al establecimiento y a la frecuencia del lavado de estos.

Controlar los productos que se utilizan, los niveles de pH y contaminantes del agua, así como su dureza y calidad, empleando las cantidades convenientes de productos para que cuiden la maquinaria y conserven la ropa y la higienicen evitando picores e irritaciones, dejando un olor agradable.

Se vigilará el estado de la ropa, poniendo especial atención en los deterioros, como roturas o desgastes, analizando las causas que los producen y estableciendo controles para alcanzar los niveles de calidad estipulados por el establecimiento.

Cuando la ropa ha terminado su proceso de lavado y secado, pasa a la fase de doblado y planchado en la lencería que es donde llega la ropa limpia.

Lo primero que se debe hacer es clasificar las prendas que necesitan planchado de las que únicamente necesitan ser dobladas o, como hemos dicho anteriormente, separar la ropa de rizo, plana y en forma.

Una vez separada la ropa que únicamente ha de ser doblada, como toallas, alfombrines, albornoces, etc., se procederá a la clasificación de la ropa plana, separando aquella que se ha de planchar de forma manual de la que requiere planchado mecánico.

Una vez que la ropa que precisa planchado mecánico está clasificada por tipo, como sábanas, fundas, manteles, cubres, etc., empezaremos por aquellas prendas que necesiten menos temperatura, así aprovecharemos la máquina al inicio de su funcionamiento, siguiendo el mismo proceso al finalizar, ya que así aprovechamos el calor residual.

Hay prendas que por su composición se recomienda un planchado en húmedo. Es preciso mencionar que en el caso de las sábanas, estas pasan de la fase de lavado directamente al planchado, ya que con el centrifugado el grado de humedad es del 45 % aproximadamente, siendo el aconsejable para la fase de planchado.

Para el planchado en forma, debemos tener especial cuidado en aquellos factores que alteran el resultado, como la temperatura de la plancha o la base de la misma, siendo aconsejable utilizar un paño seco o húmedo (según el tejido) sobre la prenda a tratar, evitando brillos o marcas en los tejidos.

3.1.6. Aplicaciones

La aplicación de procesos de planchado y plegado óptimos en los establecimientos de alojamiento dependen de la categoría del establecimiento, el número de plazas, el índice de ocupación, los servicios que presta, etcétera.

No se plancha igual una camisa para un cliente que una sábana o un mantel. Cada prenda tiene un tratamiento diferente para cada uso en particular y debe ser doblada de manera que la manipulación de la prenda sea la menor posible.

Los botones, al estar hechos de diferente material, no se planchan para evitar dañarlos por el efecto del calor. Las planchas disponen de elementos que facilitan el planchado de las zonas alrededor de los botones.

Revisaremos siempre la prenda antes de tratarla, por si observamos algún deterioro o desperfecto que el cliente no haya mencionado, poniéndolo en su conocimiento inmediatamente.

Cuando es el cliente quien solicita el servicio de lavandería-lencería, el trato a la prenda depende de las características especiales de la misma, lo que condiciona el proceso. Existe una serie de recomendaciones a la hora de planchar ciertas prendas de clientes:

- Chaquetas:
    - Extender siempre una tela limpia, preferiblemente de algodón, sobre la parte de la chaqueta a planchar.

— Colocar las mangas en el manguero y planchar partiendo de la parte interior de estas.

— Extender bien la parte posterior de la chaqueta al plancharla.

— Corregir eventuales pliegues.

— Planchar la parte delantera.

— Pasar la plancha sobre los bolsillos teniendo cuidado de extender bien el forro.

— Repasar la solapa y el cuello del revés y luego del derecho.

— Por último, planchar los hombros procurando dar forma a la entretela.

- Bordados:

— Apoyar la tela bordada sobre un paño.

— Pasar la plancha por el derecho, evitando hacer mucha presión sobre el bordado.

— Rociar con apresto.

— Dar la vuelta y planchar del revés.

— Pasar la plancha sobre los bordados hundidos en el paño de abajo, haciendo que retomen su espesor.

— Para evitar romper los bordados calados es necesario ir levantando de vez en cuando la plancha.

— Si no se dispone de plancha de vapor, humedecer la ropa, arrollarla y dejarla así durante unos minutos.

- Pantalones:

— Poner del revés el pantalón.

— Planchar la cintura y el interior de los bolsillos.

— Planchar el pantalón del revés, insistiendo en las costuras.

— Dar la vuelta y planchar del derecho el interior de la pierna y la entrepierna. Para evitar que salgan brillos es conveniente usar una tela fina y planchar encima de esta, no sobre la tela del pantalón directamente.

— Planchar las costuras de los bolsillos, acomodando previamente el forro de estos.

— Tomar el pantalón desde los extremos haciendo coincidir las costuras centrales, apoyarlo sobre la tabla, acomodarlo y planchar ambas piernas marcando la raya.

— Repasar los pliegues, levantando las piernas del pantalón.

— Colgar de la cintura o doblar con cuidado sobre un colgador especial.

- Camisas:

    — Apoyar sobre la tabla de planchar la parte interna del cuello bien extendido.

    — Planchar primero la base estirándola bien y luego el cuello del lado derecho.

— Planchar los puños, primero del revés y luego del derecho.

— Planchar el canesú trasero. Para facilitar esta operación, colocar un hombro, y luego el otro, en la parte más estrecha de la tabla de planchar.

— Planchar mangas, dobladas por la costura, primero del lado de los botones del puño y luego del otro lado. Para que no se formen pliegues, conviene usar una tabla especial para planchar mangas.

— Colocar sobre la tabla uno de los delanteros de la camisa y plancharlo, a continuación, planchar el otro delantero.

— Plegar la camisa apoyando sobre la tabla de planchar y abotonarla.

— Pasar la plancha por el delantero.

— Dar la vuelta a la camisa sobre la tabla de manera que la espalda quede hacia arriba, doblar sobre todo su largo, el lado derecho a 5-7 cm del cuello hacia el interior.

— Apoyar la manga derecha con el puño hacia fuera, sobre la doblez recién hecha.

- — Con el mismo procedimiento, doblar el lado izquierdo y la manga izquierda.

- — Doblar el borde inferior hacia arriba, hasta unos 5 cm del cuello, teniendo una mano apoyada en el interior para evitar pliegues.

- Faldas:

  - — Planchar primero el forro.

  - — Colocar un paño húmedo sobre el derecho de la falda y planchar.

  - — Colgar de la cintura en una percha con pinzas.

- Camisetas:

  - — Planchar primero el revés y luego el derecho poniendo un paño de tela ligera encima.

  - — Regular la salida del vapor.

  - — Colocar en una percha.

3.2. Maquinaria específica: características, funcionamiento y precauciones de usos según tipos

Para conseguir producciones de planchado con una alta calidad, hay que cumplir dos requisitos básicos: disponer de los elementos adecuados para configurar un sistema de planchado adecuado a sus necesidades, y tener la máxima sincronización entre ellos.

Las lavanderías van ajustando su oferta de servicios en paralelo a la evolución del mercado, aparición de nuevos tejidos y nuevas dimensiones, lo que requiere una especificación y un avance tecnológico para que estos procesos sean realizados con la calidad necesaria. En este sentido, aparece nueva maquinaria para el planchado tanto en forma como plana, que se van ajustando a las necesidades de cada establecimiento.

3.2.1. Prensas de planchado

Por el tipo de prendas que se pueden procesar con estas máquinas y el volumen de las mismas, no resulta muy habitual en las lavanderías de los establecimientos de alojamiento turístico.

Se basa en dos elementos que actúan de prensa: uno inferior fijo y uno superior móvil o abatible sobre el anterior. La prenda que se va a planchar se sitúa sobre la parte inferior, *almohadilla,* asentándola correctamente para que no forme pliegues. Una vez que está asentada, se baja la parte superior sobre la prenda y se procede a su prensado. Si la máquina dispone de complemento de vapor, en ese momento sale a través de una válvula habilitada para ello.

Las prensas de planchado pueden ser de varios tipos:

- Prensas de apertura vertical:

  — El movimiento del plato es vertical.

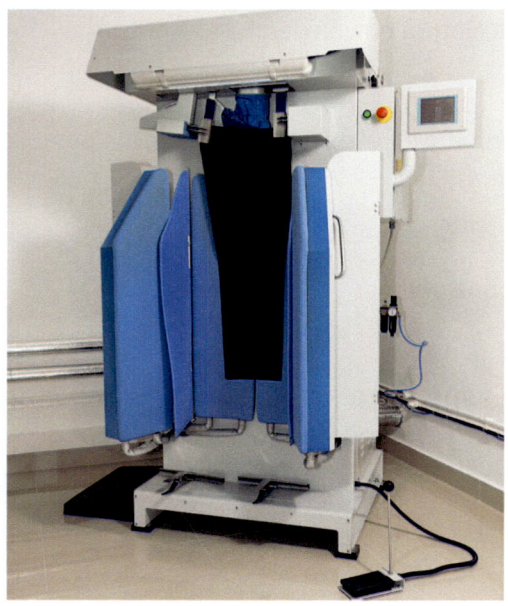

- Prensas de brazo:

  — Tienen el plato inferior fijo mientras que el superior es móvil y puede ser manual, accionado por pedal o a través de un sistema neumático.

- Prensas de carrusel:

  — Permite aprovechar el tiempo de planchado para cargar o descargar otras prendas, por lo que el rendimiento del tiempo es mayor.

- Prensas con plato interior múltiple:

  — El plato superior es fijo, mientras el inferior es una cinta sin fin, se utiliza para termofijado y géneros de punto.

- Prensas con soplado:

  — Se conocen como *maniquíes vaporizadores* y se utilizan más para acabados que para el planchado propiamente dicho.

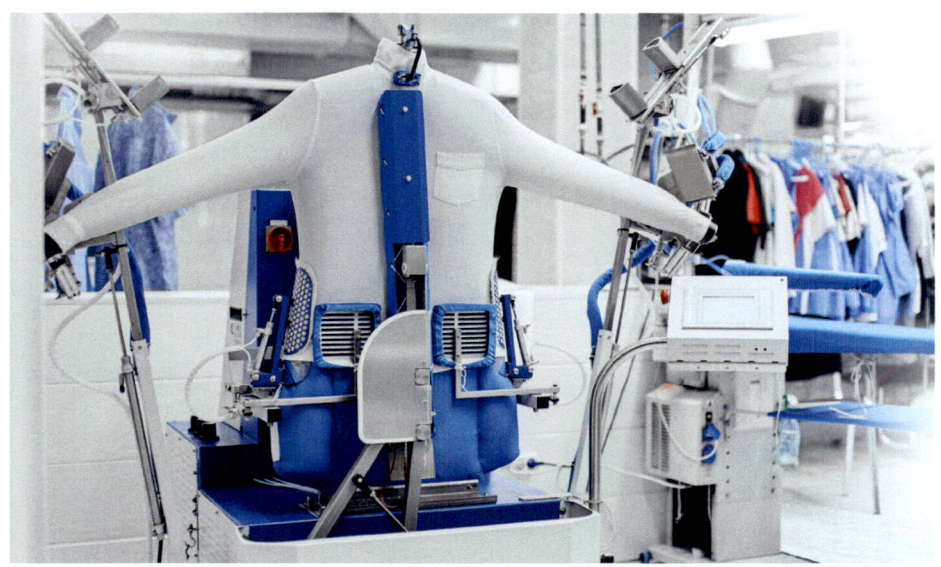

3.2.2. Estiradoras e introductoras

Son máquinas que preparan la ropa para introducirla en el sistema de planchado.

La introducción es una parte clave del proceso de planchado. Cuando se alimentan de forma manual es el personal de lencería el que estira e introduce las prendas; en el caso de disponer de este sistema, se facilitará el trabajo y aumentará de forma significativa el rendimiento de las máquinas. Los puestos de carga del introductor están diseñados y se pueden ajustar a la altura de cada operario para facilitar la máxima productividad con el mínimo esfuerzo. Pueden alcanzarse desde las 300 piezas/hora en 1 vía, en función de la prenda a introducir y las vías, hasta 1200 piezas/hora en 1 vía.

Las prendas se sitúan a alta velocidad en el tapiz. La potencia de estirado del cajón de succión y los distintos sistemas, como las pinzas de tensado, son independientes de las pinzas de transferencia. Mientras se está transfiriendo una prenda, el operario puede estar introduciendo la siguiente. Las pinzas de transferencia sujetan firmemente la prenda. Incluso las prendas más gruesas y pesadas, como fundas nórdicas, permanecen tensadas para garantizar una introducción perfecta.

3.2.3. Plegadoras mecánicas

Están incorporadas y adaptadas para las planchadoras como medio para completar los procesos una vez que las prendas estén secas. Este tipo de máquinas realiza el proceso de plegado mediante un sistema de aire combinado con rotación de rodillos, que permite realizar los pliegues de forma longitudinal o trasversal.

También existen en el mercado plegadoras independientes a la máquina de planchado. Son máquinas específicas y deben programarse según la prenda a plegar.

3.2.4. Rodillos

Es una máquina que se suele utilizar en lencerías con poco volumen de planchado de ropa plana. Está dotada de una *cubeta*, que es la parte previa al proceso de planchado y supone una superficie en la que las prendas reciben calor, y el *rulo* o *rodillo*, que forma el cuerpo de la máquina y es el que ejerce la presión del planchado.

El rulo o rodillo es un cilindro fabricado en acero pulido, en algunos modelos está revestido con recubrimiento de Nomex, que transporta las prendas lisas por el arrastre envolviéndolas sobre sí mismo hasta conseguir su planchado. Debemos tener la precaución de no permitir que las prendas con una humedad superior al 10-15 % accedan al rodillo, ya que estas máquinas no disponen de sistema de extractor de vapor, debiendo realizar la evaporación a través del rodillo perforado. El rodillo es regulable y, en caso de no obtener los resultados esperados, puede modificarse para que ejerza una presión mayor. El rodillo puede tener un diámetro variable, en función de los modelos, existiendo unidades de 15 cm hasta 30 cm.

3.2.5. Calandrias

La calandria, como máquina de planchado, se utiliza en la mayoría de los establecimientos de alojamiento. Es una unidad que permite su uso sin proceso de secado, siempre y cuando el grado de extracción por centrifugado sea el adecuado. Se utiliza para ropa lisa, carente de costuras y permite su planchado de forma continua.

Realmente, se trata de una calandria secadora a la que se le puede unir una plegadora que complete el proceso a modo de tren. Puede llegar a permitir su uso con niveles de humedad de un 45 %, eliminando el resto de humedad de la prenda durante el planchado, expulsando el vapor que produce el proceso gracias a que dispone de un sistema adecuado para ello. La carga y descarga de la máquina se realiza por la parte anterior, aunque dispone de cajón de entrada y salida, diferenciados por la altura.

El transporte de las prendas se realiza con la ayuda de una cinta construida en bandas que arrastra la prenda hasta el rodillo, la velocidad de la planchadora se ajusta de forma automática en función del grado de humedad de la ropa. Habitualmente, el sentido de rotación de los rodillos puede variarse hacia delante o atrás. En función de la longitud y del diámetro de los rodillos, las calandrias pueden ser de diversos tamaños.

Normalmente, estas máquinas poseen un sistema de protección de guardamanos que garantiza la seguridad del operario. Un doble sensor controla la posición activa y la de reposo con chequeo inicial en cada puesta en marcha.

Programar y controlar la planchadora resulta bastante sencillo. Posee un sistema de iconos de fácil comprensión que indica el programa, la temperatura programada y la real, la velocidad y la longitud de la prenda, además de recomendar al operario el modo de operar más óptimo y productivo.

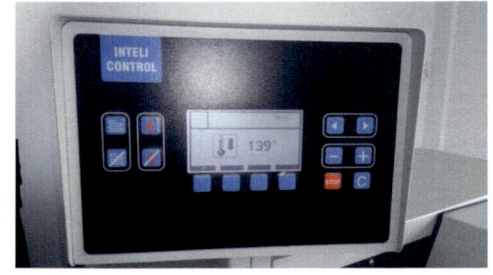

3.3. Elementos complementarios para el planchado y plegado: mesas, percheros, maniquíes, almohadillas, bandejas y bolsas

Independientemente de las instalaciones y maquinaria, en la lavandería-lencería se encuentran otros elementos complementarios para el planchado, plegado y transporte de ropa que ayudan a realizar las tareas y mejoran los acabados de las prendas. Algunos de ellos, como las tablas de planchar, son indispensables, mientras que otros, como los maniquíes, son un recurso para la colocación de las prendas, pero no tan indispensables. A continuación citaremos aquellos de mayor utilidad en la lencería.

- Mesas para el planchado:
  - Las mesas de vaporización pueden tener diferentes formas dependiendo del tamaño de la instalación, la cantidad de ropa a planchar y plegar, y la forma de planchado y doblado de las diferentes prendas del establecimiento. Sea cual fuere su forma, esta debe permitir la disipación del calor producido por las planchas. Para ello, suelen llevar incorporado un sistema de aspiración para secar y enfriar a la vez. La mesa de vaporización mejora la calidad, no aplasta las prendas, no provoca brillos y aumenta la producción, ya que, mientras se plancha una prenda, el trabajador coloca la siguiente para planchar. Se utiliza para prendas delicadas que no admitan mucha presión en el planchado.

  - Las mesas convencionales con soporte inferior metálico y rígido, siendo plano o en curva según la prenda a tratar. Sobre este soporte metálico se coloca el muletón inferior fabricado por tejidos resistentes al calor y fáciles de lavar, al que se le añade un relleno a fin de que resulte más mullido.

- Percheros:

  — Sirven para colocar las prendas una vez planchadas y, así, evitar que se arruguen. El tamaño del perchero viene determinado por la cantidad de ropa en forma que tenga el establecimiento. Normalmente estos percheros son utilizados cuando la lencería trata la ropa del personal, así tendrá todos los uniformes identificados y ordenados por departamentos.

- Maniquíes:

  — Es un armazón con la figura del cuerpo humano utilizada para probar, arreglar o exhibir prendas. Pueden estar hechos de diferentes materiales según el uso que se les vaya a dar. Además, existen diferentes tipos para su empleo con pantalones, camisas, chaquetas o abrigos.

- Central de planchado:

  — Son unidades similares a las mesas de desmanchado y se constituyen como plancha a vapor y mesa de plancha. Cuando se construyen como una sola pieza, están provistas de mesa con pedal, toma de agua, generador de vapor y plancha eléctrica a vapor. Incluso pueden ir provistas de pistola de desmanchado y pistola de vapor.

- Almohadillas de planchado:

  — Son elementos utilizados para planchar zonas difíciles, costuras, partes abotonadas, etc. Se pueden diferenciar tres:

    - *El rodillo de planchar costuras*. Es un tubo de tela relleno de serrín bien apretado. Se emplea para impedir que se noten las marcas de las costuras en la prenda.

    - *La almohadilla de sastre*. Tiene una forma oval, con lados curvos, va también rellena apretadamente de serrín. Es ideal para planchar la corona de la manga, el fondillo de los pantalones o las costuras princesa, zonas todas que necesitan que al planchar se mantenga al mismo tiempo la curva.

    - *El mitón de plancha*. Es parecido a una manopla firmemente rellena que se pone en la mano y se introduce en las zonas curvas más pequeñas durante el planchado. El relleno protege la mano del calor y del vapor.

- Jaulas y carros:

  — Sirven para el transporte de la ropa planchada y doblada a los diferentes departamentos.

Hay carros con el fondo móvil que resultan muy prácticos para el operario, ya que la base asciende a medida que quitamos la ropa, evitando posturas incómodas.

Otros tipos de carros de transporte son los clasificadores, en los que podemos separar las diferentes prendas, por ejemplo por colores.

- Bandejas:
  — Estos elementos suelen ser habituales para la presentación de la ropa de los clientes. Hay que tener muy en cuenta que, al ser un elemento de presentación de prendas al cliente, debe estar en perfecto estado y limpias.

- Pilas y fregaderos:
  — Se utilizan para tratamientos a las prendas que así lo requieran, humedecer los paños para el planchado, recargar los depósitos del agua que lleven las planchas, etcétera.

- Básculas para pesar la ropa:
  — Normalmente este elemento se utiliza fundamentalmente en la fase de lavado, en el que se calcula la cantidad de ropa y controlar así la productividad, tanto en capacidades de máquina como consumos de productos, etcétera.

- Repisas, estanterías, armarios:
  — Estos elementos del mobiliario son indispensables para tener la lencería ordenada. En los armarios guardaremos todos aquellos productos que se utilizan para el planchado o desmanchado que por su precio o tamaño han de estar controlados. En las repisas y estanterías colocaremos aquellas prendas que no se han repartido en las habitaciones. Habitualmente todo establecimiento de alojamiento tiene una estancia donde almacena la ropa nueva comprendida en el *stock* total.

3.4. Características, funciones y normas de uso básicas de productos asociados al planchado

- Agua destilada:
  — Es aquella a la que se le han eliminado las impurezas e iones mediante destilación. Es recomendable para máquinas que utilicen vapor en el planchado. El agua destilada evita la acumulación de cal en el aparato. Muchas planchas ya poseen elementos que eliminan los restos de cal en los depósitos y válvulas.

- Almidón:
  - Compuesto químico líquido que se aplica a algunos tejidos para aportarles mayor rigidez. Está indicado para prendas de algodón o lana, aunque se puede utilizar en prácticamente todas las prendas. Aparte de aportar mayor rigidez a la ropa, también resalta el color de la misma, aumentado su resistencia ante la arruga. Actualmente se presenta en espray, cuya composición vegetal es 100 % biodegradable y se utiliza en la mayoría de los casos para cuellos y puños.

- Barra limpiadora para suelas de plancha:
  - Se utiliza para eliminar los restos de cal, óxido o suciedad en general que pudiera adherirse a la suela de la plancha. Se calienta la plancha, se pasa la barra y planchamos sobre un paño que no sirva, tantas veces como sea necesario hasta que se eliminen por completo los restos.

- Laminas antiadhesión:
  - Se colocan en la base de las planchas para que se deslice mejor sobre las prendas y las proteja de brillos o quemaduras.

- Desodorante textil:
  - Existen productos que tratan las prendas evitando los malos olores u mohos. Estos productos desodorantes y antimicrobianos están realizados a base de alcohol y esencias, que se aplican a la ropa después del secado proporcionando un agradable aroma y neutralizando los malos olores. Se aplica mediante pulverizador.

3.5. Procesos de empaquetado y embolso de ropa

El embolsado de ropa en establecimientos de alojamientos suele realizarse a prendas que van a estar almacenadas y cuyo uso en las habitaciones puede ser puntual, como es el caso de almohadas extra o mantas. Esta forma de presentación de la ropa aporta al cliente seguridad sobre la higienización de la misma.

Este tipo de embolsado se realiza al finalizar el proceso de limpieza de la ropa y teniendo la seguridad de que las prendas están completamente secas. En el caso de la almohada, esta se introduce en la bolsa con su forro y funda correspondiente. Una vez dentro, se sella la bolsa manualmente con barra de sellado.

Además, también se utiliza para el almacenamiento y la distribución de la ropa al cliente. Debemos tener en cuenta que las máquinas embolsadoras de ropa sobre perchas no son muy habituales en los establecimientos de alojamiento, ya que no disponen de una gran demanda de ropa de clientes enviada para lavar o planchar.

3.5.1. Tipos y aplicación

Los establecimientos de alojamiento pueden elegir entre diferentes tipos o formas de presentar la ropa, bien sea en perchas, en bolsas o en bandejas.

Normalmente, el personal destinado a la entrega de la ropa de cliente lo hace personalmente en la habitación. En algunos establecimientos esta ropa se lleva en las bandejas, pero, una vez en la habitación del cliente, se coloca la ropa debidamente presentada sobre la cama o lugar destinado para ello.

Actualmente, colocar la ropa en perchas y cubrirla con bolsas trasparentes es la forma más habitual de entrega de ropa a los clientes. Estas prendas han de ir debidamente identificadas con el número de habitación. Cuando la entrega de la ropa se realiza por este medio, se transporta con carros percheros, evitando la manipulación de la ropa y la posibilidad de que se pueda arrugar.

Para el almacenamiento de determinadas prendas y evitar que estas ocupen un mayor espacio, además de impedir que se ensucien y protegerlas, en algunos establecimientos se utiliza un embolsado al que se le ha aspirado el aire, obteniendo prendas envasadas al vacío. Para controlar el almacén de la ropa y utilizar cuando sea necesario aquella que lleva más tiempo almacenada, se marcarán las bolsas con la fecha en la que se realizó.

ACTIVIDADES DE REPASO Y AUTOEVALUACIÓN

3.1. ¿Qué dos tipos de planchado se pueden realizar en la lencería de un establecimiento de alojamiento?

3.2. Las planchas de mano semiindustriales o para profesionales pueden ser de dos tipos. Nómbralos.

3.3. ¿Qué utilidad tienen las almohadillas de planchado?

3.4. Un cliente acaba de entregar ropa para su planchado. ¿Qué precauciones iniciales debemos tener en cuenta antes de realizar el tratamiento solicitado?

3.5. Selecciona la afirmación correcta:

a. Las estiradoras e introductoras son máquinas que preparan la ropa para introducirla en el sistema de planchado.

b. Las estiradoras e introductoras preparan las prendas para ser distribuidas en los carros de transporte.

c. Las estiradoras e introductoras forman parte del proceso de secado.

3.6. ¿Qué es una calandria?

3.7. Paula acaba de recibir en la lencería una chaqueta de traje de caballero para proceder a su planchado y posterior entrega. Comprueba la factura en la que los datos del cliente son correctos, revisa la prenda por si tuviese algo en los bolsillos o algún desperfecto y lo que no tiene muy claro es el orden que debe llevar a la hora del planchado. ¿Podrías decir cuál de estas tres opciones es la correcta?

	Primero las mangas, la parte delantera, la parte posterior, los hombros y, por último, solapa y cuello.
	Primero las mangas, los hombros, la parte delantera, solapa y cuello y, por último, la parte posterior.
	Primero las mangas, la parte posterior, la parte delantera, solapa y cuello y, por último, los hombros.

3.8. Menciona los diferentes tipos y formas de presentar la ropa que se pueden determinar en los establecimientos de alojamiento.

3.9. ¿Qué utilidad tienen las barras limpiadoras para las bases de las planchas?

3.10. ¿Qué es un mitón de plancha?

3.11. Las lavanderías van ajustando su oferta de servicios, lo que requiere una especificación y un avance tecnológico para que estos procesos sean realizados con la calidad necesaria. Identifica cada tipo de máquina con su definición correcta.

Estiradoras e introductoras	Es una unidad que permite su uso sin proceso de secado, siempre y cuando el grado de extracción por centrifugado sea el adecuado. Se utiliza para ropa lisa, carente de costuras y permite su planchado de forma continua.
Calandra	Se suele utilizar en lencerías con poco volumen de planchado de ropa plana. Está dotada de una *cubeta,* que es la parte previa al proceso de planchado y supone una superficie en la que las prendas reciben calor.
Rodillo	La introducción es una parte clave del proceso de planchado. Cuando se alimentan de forma manual es el personal de lencería el que estira e introduce las prendas; en el caso de disponer de este sistema, se facilitará el trabajo y aumentará de forma significativa el rendimiento de las máquinas.

3.12. Las prensas de planchado están compuestas de dos elementos que actúan de prensa: uno inferior fijo y uno superior móvil o abatible sobre el anterior. Teniendo en cuenta las definiciones de cada una de ellas, completa las siguientes afirmaciones:

a. Las _____ tienen el plato inferior fijo mientas el superior es móvil y se acciona por pedal o a través de un sistema neumático.

b. Las prensas de carrusel permiten aprovechar_____ para cargar o descargar otras prendas.

c. A las prensas con _____ se las conocen también como maniquíes vaporizadores.

3.13. No se plancha igual una camisa para un cliente que una sábana o un mantel. Cada prenda tiene un tratamiento diferente para cada uso en particular y debe ser doblada de manera que la manipulación de la prenda sea la menor posible. Relaciona cada técnica de planchado con el proceso a seguir.

Camisas	Empezar por el revés, cintura, interior de los bolsillos, insistir en las costuras, poner del derecho, planchar sobre una tela fina para evitar brillos, pierna, entrepierna y costuras.
Faldas	Comenzamos por el cuello del lado derecho, puños primero del revés, canesú trasero, mangas y delanteros.
Pantalones	Planchar primero el forro, sobre paño húmedo planchar el derecho, colgar de la cintura.
Camisetas	Planchar primero al revés y luego al derecho con un paño encima, regular el vapor y colocar en una percha.

4. Costura en alojamientos

Contenidos

Objetivos

Describir y aplicar técnicas de cosido a mano y a máquina.

Comprobar el buen funcionamiento y reglaje de las máquinas y de los accesorios que se van a utilizar para llevar a cabo el proceso de cosido de las ropas.

Seleccionar los materiales y útiles necesarios.

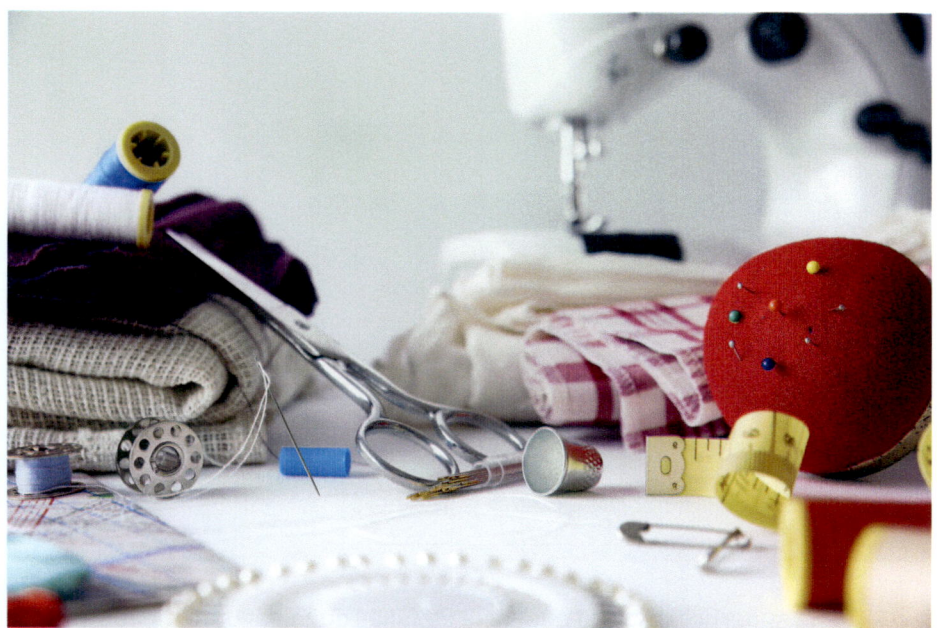

Los procesos de costura que se realizan en los establecimientos de alojamiento son simples, ya que no se confeccionan prendas, sino que se realizan arreglos en determinadas prendas, como colocación de hebillas, botones, dobladillos, arreglos en cortinas, etcétera.

La ropa que necesita algún tipo de arreglo se selecciona en la fase de planchado.

En la lencería, el personal debe conocer las técnicas básicas de costura y su aplicación para coser tanto a mano como a máquina, realizando las tareas evitando que se deterioren las prendas.

Todos los procesos de costura que se realizan deben quedar documentados, indicando la fecha, la cantidad de prendas reparadas, los motivos de la reparación, qué tareas se han realizado, quién las ha realizado y cualquier otra información que creamos relevante. Esto puede llevarse a través de un libro registro diario.

4.1. Materiales de costura

- Hilos:

    Al elegir un determinado hilo, debemos tener en cuenta:

    — Una buena fortaleza a la tensión que mantiene segura la puntada de la costura durante el lavado y el uso.

— Una superficie lisa y la ausencia de fallas que aseguren menor fricción entre la aguja y el material durante el cosido.

— Un grosor o diámetro uniforme, que se mueva con suavidad y rapidez a través del ojo de la aguja y la tela. También la fortaleza afecta a la tensión del hilo, a su resistencia a la abrasión y a la construcción del torcido. Un hilo irregular puede retorcerse en pequeños nudos y atorarse en el ojo de la aguja.

— Una buena elasticidad permite que el hilo se recupere a su longitud original inmediatamente después de que la tensión haya disminuido. La elasticidad del hilo de coser afecta a la fortaleza y a la calidad del terminado de la costura cosida.

— Una buena solidez de color proporciona inmunidad ante diferentes agentes, a los que el hilo se expone durante la manufactura y lavado.

— El bajo encogido del hilo se usa en telas con mayor tendencia a encoger, ya que reduce la posibilidad de fruncido de costura.

— Una buena resistencia al ataque químico es una propiedad deseable en el hilo que se use en prendas que puedan sufrir lavado, blanqueado o limpieza en seco.

— El *hilo de hilvanar* tiene como cometido unir dos telas con una puntada larga de manera temporal, para después realizar el cosido permanente, que hará que dos telas se conviertan en una sola prenda. Un hilo de hilvanar tiene que ser fácilmente rompible en el momento que hayamos terminado de coser la prenda. Esto se debe a que el entramado del hilo es más flojo.

— Se aconseja utilizar hilos de algodón para tejidos naturales, hilos de seda para la seda e hilos sintéticos con los tejidos artificiales. En resumen, el hilo que se elija dependerá de la fibra de la que esté elaborada la prenda.

- **Tijeras**:

  — Las tijeras de costura miden alrededor de 16 cm de largo y tienen su mango derecho en acero. Son tijeras muy ligeras y son útiles durante el proceso de costura para sujetar las esquinas de la tela, cortar el exceso de costura o los dobla-

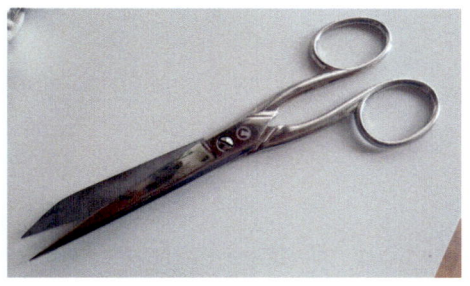

  dillos. Están compuestas por dos hojas unidas por un eje. Existen diversos tipos según el uso que le vayamos a dar: es conveniente tener una tijera especial para cortar tela y otra más pequeña para cortar hilos y trabajar más cómodamente con la prenda.

- **Cinta métrica**:

  — Es una cinta que tiene marcada la longitud del metro y sus divisiones y sirve para medir distancias o longitudes. Está fabricada en diferentes materiales, es flexible y normalmente tiene impresa por una cara las divisiones en centímetros y por la otra en milímetros. La cinta métrica estándar mide 1,50 cm.

- **Agujas**:

  — El componente principal de la máquina de coser es la aguja. Es de gran utilidad conocer sus características, como son su forma o su punta y el ojo también tiene gran importancia con relación al hilo a utilizar.

  La medida se refiere al diámetro del tronco, del hilo que se puede utilizar y del ojo de la aguja. Estos datos varían de acuerdo a los fabricantes de agujas.

  - *Tope*. Es la forma superior que facilita la inserción en la barra/abrazadera de la aguja.

  - *Cabo*. Es la parte más gruesa de la aguja sostenida por la abrazadera o tornillo de ajuste. Sostiene la aguja totalmente proporcionando fuerza adicional.

SELECCIÓN DE AGUJAS SEGÚN TEJIDOS/HILO		
Tamaño de la aguja	Tejido	Hilo
9-11 (70-80)	Tejidos ligeros de poco peso como sarga, seda, algodón, poliéster tejido, telas de camisas y blusas	Hilos ligeros de algodón, nylon, poliéster.
11-14 (80-90)	Telas de peso medio, raso, lona, géneros de punto doble, tejidos de lana.	Los hilos han de ser de tamaño medio y adecuados para los tejidos y las agujas.
16 (100)	Telas pesadas, tejidos acolchados, lonas, tejidos de lana cardada, denims, material ligero de tapicería.	Usar hilos de poliéster en materiales sintéticos y de algodón en tejidos naturales para obtener mejores resultados. Usar siempre el mismo hilo en la parte superior e inferior.
18 (100)	Tejidos gruesos de lana cardada, abrigos, tapicerías, algunos cueros y vinilos.	Hilos robustos con número grande de prénsatelas y de presión.

- *Asta*. Esta porción de aguja, que se extiende del tronco al ojo, se somete a la mayor cantidad de fricción y, por lo tanto, a calor cuando do pasa a través del tejido.

- *Ojo*. Está en el extremo inferior del asta. A través del ojo el hilo de aguja se lleva a la zona inferior.

- La *punta* de la aguja está diseñada para proporcionar la entrada más adecuada del material que se está cosiendo de acuerdo con su naturaleza y el efecto de la puntada deseada. La forma de la punta del asta, en combinación con el punto, define el rendimiento de penetración.

— Las agujas para coser a mano se elegirán teniendo en cuenta el tipo de tejido. Están numeradas del 1 al 12, siendo el tamaño 1 el más largo y el tamaño 12 el más pequeño.

Según la longitud, serán más adecuadas para un trabajo u otro:

- Agujas largas: suelen utilizarse para hilvanar y para zurcir tejidos gruesos si son gruesas.

- Agujas de longitud media: cuando tienen ojo redondo pueden usarse, en general, con cualquier tejido.

- Agujas cortas: se utilizan para puntadas finas y prietas, como por ejemplo los trabajos de acolchado.

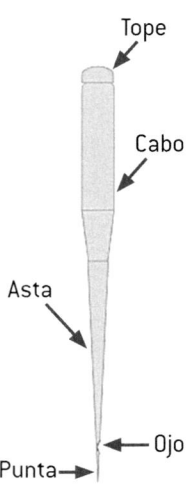

- **Enhebradores:**

Facilitan la inserción del hilo en el ojo de la aguja.

- **Alfileres**:

  Son pequeñas piezas puntiagudas hechas de acero o material resistente que sirven para unir temporalmente dos telas o la tela al patrón hasta el momento del hilvanado o cosido final. Se deben guardar para evitar que se oxiden. Según el tipo de tejido y el uso que se le vaya a dar, los alfileres pueden tener diferentes grosores y tamaños.

- **Acérico**:

  Es un elemento utilizado para colocar los alfileres y agujas, normalmente fabricado en espuma y forrado con tela. En algunas cajas de alfileres la espuma viene incorporada en la tapa de la caja. Es un elemento muy cómodo cuando utilizamos una cantidad considerable de alfileres.

- **Dedales**:

  Es un utensilio muy útil para coser a mano. Los dedales más comunes son los de metal. Permiten empujar la aguja sin pincharse. En la parte superior suelen tener unas pequeñas hendiduras para apoyar la punta sin que se resbale. También se pueden encontrar dedales elaborados con plástico resistente, pero los dedales de cerámica son únicamente decorativos. Para elegir el dedal adecuado debemos tener en cuenta que no sea demasiado grande, porque se podría caer. No debe ser demasiado pequeño porque podría apretar.

  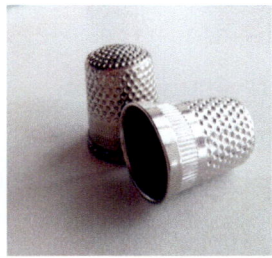

  Lo más habitual es colocarlo en el dedo corazón, dejando el índice y el pulgar libres para manipular la aguja.

- **Descosedores**:

  Es muy útil para descoser costuras y abrir ojales. La parte utilizada para estas labores es metálica con uno de sus extremos más finos y cortantes, lo que permite romper y rasgar la tela con más facilidad.

  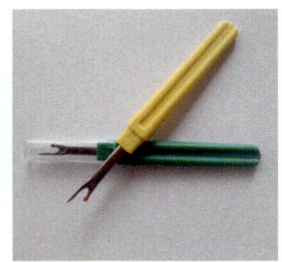

- **Tiza de sastre o jaboncillo**:

  Sirve para marcar las prendas cuando se van a confeccionar o arreglar, permitiendo saber con exactitud dónde cortar, hilvanar y coser. Está fabricado en arcilla y se puede encontrar de diferentes colores, que permiten que resalten en los tejidos. La marca de la tiza se elimina fácilmente en el lavado.

- **Corchetes, broches o remaches:**

Son elementos que se utilizan para unir dos partes de una prenda pero, a diferencia de los botones, no son visibles. Los broches colocados en
las prendas se cierran a presión, mientras que
los corchetes están formados por dos piezas
que encajan machihembradas.

4.2. La máquina de coser

Es una herramienta mecánica capaz de desarrollar los movimientos que se
realizan con los hilos cuando se pretende unir dos capas de un género, repasar el cosido o adornar con hilo decorativo.

La máquina de coser se compone de tres elementos:

1. Estructurales:

   Son aquellos elementos que sirven como soporte de la máquina para que
   esta pueda operar correctamente en altura y posición, como el mueble en
   el que se ubica la máquina.

2. Elementos transmisores:

   Son los que envían los movimientos que generan el motor o cualquier otro
   mecanismo capaz de gestionar el movimiento hacia los elementos opera-

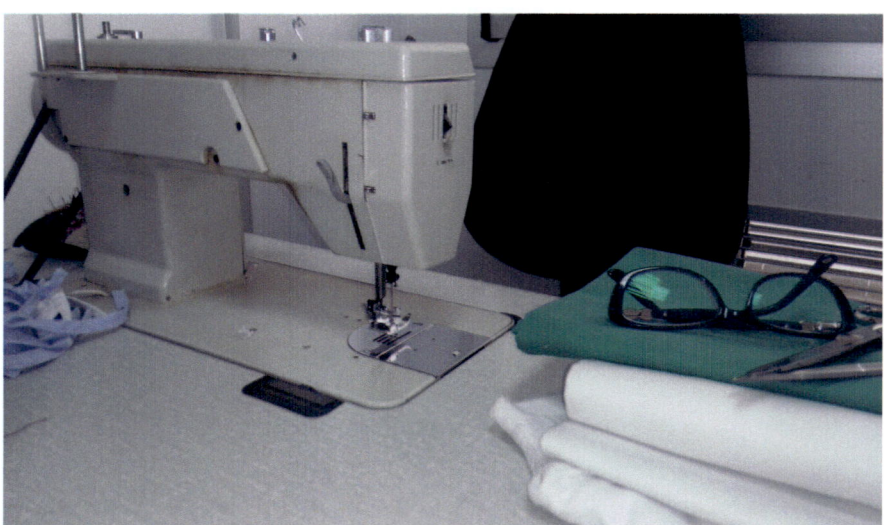

dores. Dependiendo del grado de la unidad, los elementos transmisores estarán formados por correa, poleas o árboles de transmisión.

3. Elementos operadores:

Son los más visibles y donde se realiza el proceso para el cual se fabrican, como el porta hilo, el selector de puntada, la barra de la aguja, el prensa tela, la aguja, la bobina o el porta bobina.

Tipos de máquinas de coser:

- Máquinas de coser domésticas:

  — Son automáticas y rápidas, es por ello que son muy fáciles de manejar y han adquirido mucha popularidad. Existe una gran variedad de este tipo de máquinas de coser, por ejemplo algunas se caracterizan por realizar varias tareas, como bordados, ojales y realizan el enhebrado de manera automática. En otras máquinas se puede programar la velocidad, en ancho de costura, etc. Suelen ser las más frecuentes en talleres donde se realizan arreglos textiles.

- Máquinas de coser semiindustriales:

  — Estas máquinas cumplen una doble tarea: por un lado pueden bordar y por otro coser. Además, pueden tratar diferentes tipos de tejidos. Estas máquinas se utilizan en talleres de confección, en sastrerías e incluso en las pequeñas industrias. Existe una enorme diversidad de este tipo de máquinas de coser.

- Máquinas de coser industriales:

  — Están diseñadas para realizar costuras de alta gama y se utilizan para tratar telas más pesadas o duras.

Aparte de estos tipos generales de máquinas de coser, existen en el mercado otros modelos para trabajos específicos. No son tan habituales en los establecimientos de alojamiento, ya que están más enfocados a la confección de prendas a nivel industrial.

- Remalladora:

  — Su nombre oficial es *overlock*. Esta máquina se utiliza en las costuras de las prendas para evitar que se deshilachen. Junto con la aguja se acopla una cuchilla que va cortando los hilos y restos de telas sobrantes en la costura, dejando la prenda rematada.

- Bastera:

  Se utiliza para realizar costuras invisibles, como dobladillos en pantalones.

- Máquina recubridora:

  Máquina de costura plana especial para tejidos de punto. Realiza costuras centradas y pespuntes.

- Máquina botonera:

  Pega botones planos de cualquier medida, de dos o cuatro ojillos. Pega también botones de bola.

4.2.1. Funcionamiento

El funcionamiento de la máquina de coser viene determinado por el modelo. Como norma general para todos los aparatos, debemos tener en cuenta que todos los dispositivos eléctricos nunca deben dejarse desatendidos cuando están conectados. Seguir siempre las indicaciones descritas en los manuales, accesorios que se aconsejen, el uso al que se le puede destinar, etcétera.

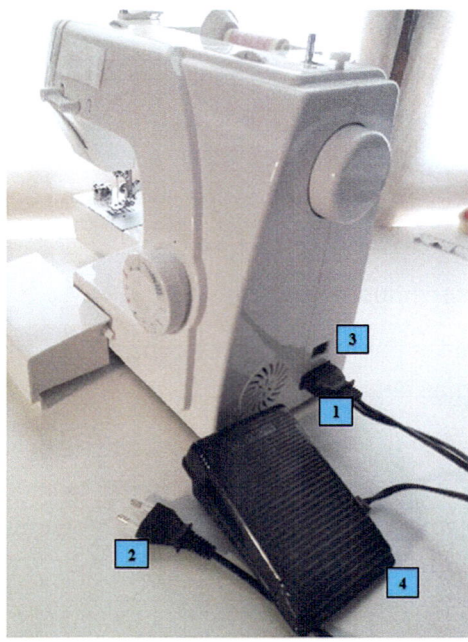

1. Conectar la parte del cable de alimentación correspondiente a la máquina.

2. Conectar el cable de alimentación a la toma de corriente.

3. Pulsar el interruptor principal para el encendido y la iluminación.

4. El pedal de control se coloca en el suelo. Al presionarlo con el pie, regula la velocidad de la máquina.

Antes de poner en funcionamiento la máquina de coser, debemos reconocer los detalles que la componen y su finalidad:

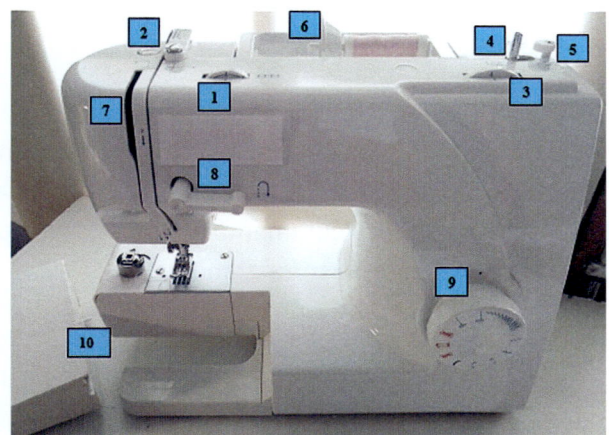

1. *Disco de tensión*:

   Una correcta tensión del hilo es importante porque el exceso o falta de tensión repercute en las costuras. Un punto equilibrado tendrá el hilo de la aguja y la bobina entrelazadas entre las dos capas del tejido, sin lazos ni frunces por arriba ni por abajo.

   Demasiada tensión frunce el género, pero poca tensión produce un punto flojo y se formarán lazos a lo largo de la costura. Para aumentar la tensión, giraremos el disco a un número más alto.

2. *Guía del hilo superior*:

   Unos números señalados en la máquina de coser nos indican el recorrido que ha de hacer el hilo para estar correctamente enhebrado, desde el *portabobinas* (6) hasta la aguja.

3. *Disco de largo de puntada*:

   Los selectores de longitud del punto vienen numerados del 0 al 5. Los números más bajos indican que la puntada será más corta, aconsejado para tejidos ligeros. Los números más altos corresponden a puntadas más largas, ideales para tejidos más pesados.

4. *Bobinadora*:

   Es un pequeño mecanismo que sirve para enrollar en forma acelerada el hilo que necesita en la bobina o carrete.

5. *Tapón de bobina*:

   Elemento rígido que limita el llenado de la canilla en la bobinadora.

6. *Porta bobinas*:

   Es donde se coloca el hilo que irá girando y devanando a medida que se realiza el cosido de la prenda.

7. *Palanca tensora del hilo*:

   Como su nombre indica, es la palanca que tira el hilo que viene del carrete para suministrarlo a la aguja. Aunque puede haber varios guiando la dirección de hilo, hay que seguir perfectamente el trayecto, ya que si no se hiciera bien, la máquina no cosería correctamente.

8. *Placa frontal*:

   Si mientras estamos cosiendo tiramos hacia debajo de la palanca frontal, la máquina de coser cambiará el recorrido hacia atrás. Esto se suele hacer a la hora de rematar o cuando queremos reforzar una puntada.

9. *Disco selector*:

   Según los modelos, pueden servir tanto para posicionar la aguja o seleccionar el tipo de puntada que queremos aplicar en el tejido.

10. *Mesa de coser convertible y almacenamiento para accesorios*:

    Algunas máquinas tienen esta opción de eliminar parte de la máquina para poder pasar las prendas de difícil costura. Además, la parte retirada sirve para almacenar aquellos accesorios que podemos necesitar para realizar diversos trabajos.

Aparte de estos detalles principales que podemos observar en las máquinas de coser, es muy recomendable la lectura de los manuales, ya que según el modelo de la máquina, dispondrá de diferentes elementos como enhebradores automáticos o cortahilos.

El *prensatelas* (1) es un elemento que se utiliza para fijar la tela a la máquina, para subirlo o bajarlo se utiliza una palanca que se encuentra en la parte trasera de la máquina.

La *placa de puntada* (2) es una placa metálica que sirve de soporte y guía para que la tela vaya en la dirección que queremos.

Una vez que ya conocemos todos los elementos que necesitamos para poner en funcionamiento la máquina, lo primero que debemos es seleccionar el hilo que vamos a utilizar para coser la prenda y enhebrar la máquina. Una bobina irá en la parte superior y otra ira en la parte inferior dentro del buje. Esta bobina se llama comúnmente canilla.

Para enhebrar la parte superior se seguirá la numeración que aparece en la máquina lo que facilita la labor. Así pues, se pasará el hilo por las guías numeradas, por la palanca y se enhebrará el ojo de la aguja.

Para devanar la canilla se colocará el hilo y el porta carrete en la bobinadora, empujamos el mecanismo hacia la derecha, con el pedal de control comenzamos a llenar

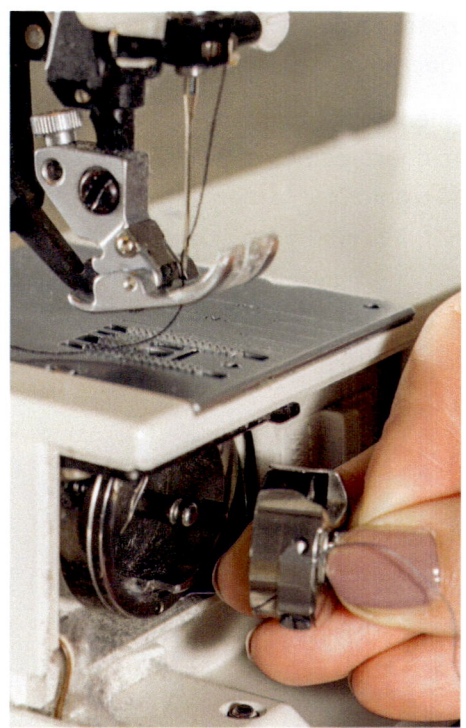

la canilla, cortamos el hilo, empujamos el mecanismo hacia la izquierda y retiramos la canilla.

Para colocarla de nuevo, la aguja debe estar siempre arriba del todo, abrimos la tapa, sujetamos el portacanilla con una mano. Ponemos la canilla de manera que el hilo se devane en sentido de las agujas del reloj, pasamos el hilo por la ranura y por debajo del muelle y la introducimos en la lanzadera sujetando el pernio con el pulgar y el índice.

Una vez enhebradas las dos bobinas, giraremos con el volante hacia nosotros (se encuentra en un lateral de la máquina), hasta que la aguja entre en el orificio de placa y cuando la aguja suba llevará consigo un tramo del hilo que se encuentra en el buje, se tira suavemente sacando las dos hebras de hilo.

Seleccionamos la puntada, colocamos el tejido que vayamos a coser, bajamos la prensa, giramos el volante hasta que el hilo se inserte en la tela, pisamos el pedal y comenzamos a coser.

4.2.2. Reglaje

El reglaje de la máquina de coser consiste en el mantenimiento de la misma. Dependiendo del tipo de máquina el reglaje se hará de diferente manera, pero para todos los modelos consiste en reajustar sus elementos y piezas, para que la máquina funcione perfectamente. Siempre que se vaya a realizar alguna tarea de mantenimiento, la máquina tiene que estar con el interruptor apagado y desconectada de la red eléctrica.

La mayoría de las máquinas de coser se venden con un conjunto de accesorios para su mantenimiento, en todo caso, deberíamos de tener: una brocha o pincel de cerdas duras, aceite lubricante especial para máquinas de coser, un destornillador pequeño y es conveniente tener una bombilla de repuesto.

Para tener la máquina a punto seguiremos una serie de recomendaciones:

- Se realizará un engrasado de las partes metálicas para evitar que se resequen y no se deslicen bien. Los restos de aceite se retiran con un papel secante o un paño.

- El buje donde se encuentra la canilla se limpiará frecuentemente con el pincel para evitar la acumulación de hilos, pelusas y polvo.

En ocasiones, la máquina no cose correctamente posiblemente porque no está bien ajustada, algunos casos que suceden comúnmente son:

- Rizo en las costuras:
  — Esto puede suceder porque el hilo superior está demasiado flojo o que la combinación de hilo, aguja y tela no es la adecuada.

- La prenda no avanza correctamente:
  — Puede ser debido a que las puntadas sean demasiado cortas o el hilo esté atascado.

- Rotura del hilo superior:
  — Debemos comprobar que la máquina está bien enhebrada o si el hilo está demasiado tenso. También puede ser debido a que la aguja está mal colocada o deteriorada y el hilo no es el adecuado.

- Rotura del hilo inferior:
  — Suele ocurrir cuando el carrete está mal colocado en el buje, el hilo está atascado o no gira bien el eje.

- Rotura de la aguja:
  — Comprobar que la aguja está bien colocada y que es la correcta para el tipo de prenda, así como que los tornillos que la sujetan no estén flojos. También es posible que el hilo tenga demasiada tensión.

4.3. Técnicas básicas de costura y su aplicación

El personal de lencería debe conocer técnicas básicas de costura, tanto a mano como a máquina. En el caso de que las técnicas a utilizar tengan una mayor dificultad o no se puedan realizar en las instalaciones del establecimiento, se pondrá en conocimiento del responsable del departamento para que este tome las medidas oportunas.

En lencería se suelen realizar trabajos de costura como pequeños arreglos en prendas de clientes y empleados, confección de prendas de uso interno como cubreaparadores, picos, litos, servilletas, delantales, cubrebandejas, fundas, sábanas para cunas...

4.3.1. A mano

Antes de empezar a coser debemos identificar el tejido, ya que la elección del tipo de punto y de los materiales necesarios depende del tipo de fibra de la que esté compuesta la prenda. Una vez que se ha identificado el tejido, seleccionaremos los materiales convenientes para la operación de costura, como el hilo, la aguja, tijera y dedal.

Antes de comenzar a coser, lo primero es enhebrar la aguja. Podemos hacerlo con hilo simple o con hilo doble.

- Hilo simple:
  - Una vez que hemos pasado el hilo por el ojo de la aguja, hacemos un nudo en uno de los extremos del hilo, dejando el otro libre. Esta manera de enhebrar es útil para técnicas en las que se necesitan dar unas pocas puntadas y que, en caso de ser necesario, se pueda descoser de manera rápida y sencilla simplemente tirando del hilo. Cuando esté enhebrada y se vaya a proceder al cosido, es recomendable que un tercio de la hebra (la que no tiene nudo) cuelgue por un lado de la aguja y el resto (al que se le ha hecho el nudo) por el otro.

- Hilo doble:

  — Al enhebrar la aguja hacemos un único nudo uniendo los dos extremos del hilo. Esta forma de enhebrar se usa para puntadas más seguras, siendo mucho más difícil descoser.

Una vez que ya tenemos los elementos necesarios para coser la prenda y la aguja enhebrada, seleccionaremos la técnica de cosido a mano que corresponda. No usar un hilo demasiado largo porque se enredará fácilmente. Cuando terminamos de coser, es importante rematar las puntadas para evitar que se descosan, por eso se hace un nudo por el revés de la tela, y con la aguja aún enhebrada, se coloca la aguja cerca de donde sale el hilo, cogiendo con la aguja un trocito pequeño de tela, empujar la aguja y el hilo a través, y pasar la aguja por el pequeño círculo que crea el hilo. De esta manera, ya se ha creado el nudo, tirar de la aguja para tensar el hilo y así mantener el nudo lo más cerca posible de la tela. Esta operación se puede hacer un par de veces más para asegurar el remate. Finalmente, tensar el nudo y cortar el hilo a unos milímetros del mismo.

A continuación citaremos aquellas técnicas de costura a mano más habituales:

- *Hilván o punto de bastilla*:

  — Sirve para sujetar temporalmente dos piezas de tela y proceder después al cosido final o al cosido con máquina.

    El hilo para hilvanar está fabricado en algodón más flojo de lo normal para que cuando ya se haya rematado la prenda, este se rompa fácilmente.

    Este tipo de puntada se ve igual del derecho que del revés. Trabajando de derecha a izquierda, o de izquierda a derecha en caso de ser zurdo, insertando la aguja en la tela y sacándola otra vez. Este paso se mantendrá, realizando las puntadas lo más rectas posibles. El hilván puede hacerse de forma regular, manteniendo la misma distancia entre puntada y puntada. También se realizará de forma irregular para sujetar ligeramente la penda o marcarla, o incluso en diagonal, que se utiliza para mantener la prenda y así favorecer el planchado en el caso de pliegues en las prendas.

- *Pespunte o punto atrás*:

  — Es una puntada más fuerte y se utiliza en aquellas zonas de difícil acceso o con costuras complicadas en las que la máquina de coser no nos sirve. Por el lado derecho de la tela, el pespunte se parece a la puntada recta creada con la máquina de coser, pero por el revés las puntadas se superponen. Se cose de derecha a izquierda. La aguja se clava al final del punto anterior y se saca un poco más adelante. Los puntos deben ser pequeños y regulares.

- *Puntada escondida o punto oculto*:
  — Esta técnica se utiliza para unir dos caras de la misma tela de manera que sus puntadas queden ocultas y solo sobresalgan pequeños puntos. Es la mejor forma para coser dobladillos de pantalones, faldas y mangas.

  Se hace el doble necesario, se ajusta con alfileres y luego se empieza a coser levantando un poco la parte superior y, en vez de hacer el dobladillo por toda la orilla de la pieza doblada, se hace en medio de las dos telas con pequeñas puntadas. Estas pasadas de hilo se hacen de manera que no sobresalgan demasiado por el derecho de la tela y las puntadas han de ser lo más uniformes posibles.

- *Sobrehilado*:
  — Este punto se utiliza para evitar que las costuras se deshilachen. Los puntos deben ser pequeños e iguales entre sí y estar separados por unos 5 milímetros. Se inicia con un nudo en el revés de la tela y se va insertando la aguja sobre el revés hacia el derecho en forma recta. Tirar de la hebra para inclinar la puntada, pero no demasiado para evitar que se enrolle el borde de la tela.

- *Festón*:
  — Se utiliza para proteger el borde de algunas prendas, evitando al igual que el sobrehilado que no se deshilache, además de darle una buena presentación a la penda. Esta puntada va formando una lazada simple sobre el borde de la tela.

- *Repulgo*:
  — Este punto se utiliza para figar puntillas a una tela. Se trabaja de derecha a izquierda con puntadas diagonales pequeñas y juntas. Podríamos decir que es como un sobrehilado pero de puntadas juntas y de muy poca altura, cogiendo el mínimo de tejido a ambos lados.

- *Punto escapulario o puntada cruzada*:
  — Este punto se utiliza para coser los dobladillos en telas gruesas. El dobladillo no lleva doblez para que no sea demasiado abultado. Las puntadas serán pequeñas y no deben apreciarse por el derecho de la tela. Con este punto no hace falta sobrehilar previamente el borde.

Se utiliza una hebra sencilla del mismo color de la tela. Se inicia con un nudo que deberá quedar oculto debajo del doblez y asegurado con un pespunte. Iniciar la puntada de izquierda a derecha, haciendo una primera sobre la tela tomando con la aguja solo dos hilos de la tela, de derecha a izquierda. Luego, en sentido diagonal, tomar dos hilos del doblez a medio centímetro del borde también de derecha a izquierda. La tensión del hilo debe ser suficiente para no formar arrugas. Controlar que las puntadas no salgan por el derecho de la tela. Se remata haciendo una puntada corta en el doblez y una lazada.

- *Puntada de ojal*:

  — Es el punto que se utiliza para hacer los ojales. Conviene utilizar hilo de torzal especial para ojales o el hilo doble, de esta forma las puntadas serán más gruesas y quedará mejor. Esa misma puntada también se utiliza para la colocación de broches u otros accesorios.

  Para realizar esta puntada, se inicia con un nudo en la orilla y por el revés. Clavar de nuevo la aguja por el revés hacia el derecho a unos milímetros del borde y dejar el bucle algo suelto para pasar la aguja de nuevo por el interior, tensionar el hilo con los dedos de manera que la lazada se forma en el borde de la tela. Volver a clavar la aguja, del revés hacia el derecho, dejando el bucle para pasar por allí la aguja. Repetir el proceso hasta que la puntada sea uniforme y tenga una buena presentación. Las lazadas que se van formando dan seguridad y resistencia a la orilla de la tela, muy apropiado para el borde del ojal.

4.3.2. A máquina

La mayoría de las máquinas automáticas de coser tienen las mismas partes básicas, pudiendo incorporar más tipos de punto y accesorios según el modelo. Pero lo más elemental que se debe de conocer en la máquina de coser es:

- Control de la puntada:

  — En todas las máquinas de coser suele haber una rueda que girándola nos permite cambiar el tipo de puntada. Podemos seleccionar diferentes modos de coser, tenemos para hacer ojales, colocar botones, punto recto, para coser en zigzag, etcétera.

- Control de la longitud o ancho de la puntada:

  — Suele ser un disco o una rueda que hace que avance más o menos la tela y así regula el ancho de la puntada que queremos utilizar.

- Control de la tensión:
  - También suele ser un disco que hay en la parte superior de la máquina. Esta rueda controla la tensión del hilo superior. La máquina cose con dos hilos, uno en la parte superior y otro en la parte inferior. Los dos hilos tienen diferentes tensiones, una se regula en la canilla de abajo y otra se regula a través del disco o rueda de control de la tensión. La tensión va a depender del tipo de hilo, si el hilo es más débil, y la tensión superior es muy alta, puede partir el hilo.

- Dispositivo de bobinado de la canilla:
  - Esta devanadora enrolla el hilo en la bobina que se utiliza para el hilo de la parte inferior.

- Palanca prensatelas:
  - Esta palanca sube y baja el pie del prensatelas. Frecuentemente está en la parte trasera de la máquina.

- Rueda de costura manual:
  - Permite avanzar o retroceder la aguja manualmente.

- Palanca de retroceso:
  - Es una palanca o pensionando la rueda de costura manual que nos permite hacer puntadas hacia atrás. Normalmente se presiona simultáneamente mientras se está cosiendo.

- Pedal:
  — Con este pedal se controla la velocidad de cosido y comenzar o detener la costura de la máquina de coser.

- Luz:
  — En casi la totalidad de las máquinas de coser, el prensatelas suele tener una luz en la parte superior que ilumina directamente a la costura.

Una vez que ya se conocen las partes fundamentales de la máquina de coser y al comienzo de la costura, se colocará el tejido debajo del prensatelas a 12 milímetros aproximadamente del fondo del tejido. Alinear el borde derecho con una de las líneas-guías de la costura de la plancha de aguja y bajar el prensatelas.

La mayoría de los tejidos solamente necesitan ser dirigidos por delante del prensatelas. Otros, sin embargo, precisan ayuda mientras se cosen:

- Para tejidos de tricot y otros similares de punto sintético, se aplica una ligera tensión agarrándolo por delante y por detrás del prensatelas para mantenerlo tenso mientras se cose. No tirar en ningún caso del tejido.

- Para tejidos elásticos, de encaje y de punto, aplicar una tensión más firme por delante y por detrás del prensatelas, para estirar la costura según se va aplicando la puntada.

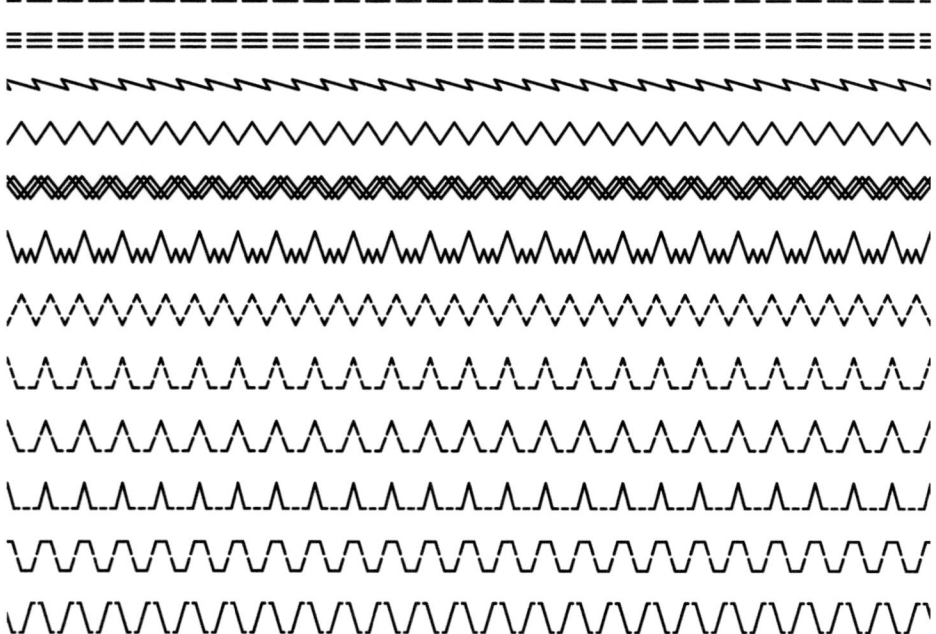

- Punto recto:

  — Sirve para fijar dos telas, siendo el punto más utilizado y el más básico. Se trata de una fila de puntadas simples y rectas que se debe mantener siempre la misma distancia entre el borde y la costura. El espacio entre puntadas puede alargarse o acortarse, en términos generales, cuanto más grosor tenga la tela, el hilo y la aguja, más larga debería ser la puntada. Para puntada delgada se selecciona la longitud del punto entre 1 y 2.

- Punto de zigzag:

  — La puntada en zigzag se emplea para reforzar los bordes y evitar que la tela se deshilache. La densidad de la puntada puede ajustarse para que las puntadas queden más o menos espaciadas, aumenta cuando el ajuste del disco de largo de la puntada se aproxima a 0. Para la mayoría de las costuras se emplea el tamaño medio, tanto en el ancho como en el largo de la puntada. Demasiada tensión producirá un punto prieto que causará frunces en el tejido. Para reducir estos frunces, es conveniente girar el dial de tensión hacia una posición inferior. En algunos tejidos esto puede ocasionar que la unión del punto en las esquinas, por el reverso, no sea perfecta.

  Poca tensión producirá que el punto este flojo. En algunos casos se formarán lazos en el reverso del tejido. Se aumenta la tensión girando el dial a una posición más alta.

- Puntada invisible/punto de lencería:

  — Este tipo de puntada aporta un acabado duradero para los dobladillos que pueden utilizarse en una variedad de tejidos de pesos diferentes. La puntada invisible precisa de un poco de práctica, por lo tanto, se debe hacer una prueba primero. La longitud del punto entre 1 ½ y 2 ½ precisa de un prensatela especial para puntada invisible.

  Debemos preparar el dobladillo doblándolo y planchándolo de forma usual y asegurarnos de situar el hilván 12 milímetros por debajo del borde superior de la tolerancia del dobladillo.

  Con el revés del tejido, girar el dobladillo hacia abajo, creando un doblez desde el borde superior del dobladillo. Se deben colocar alfileres o hilvanar los tres pliegues juntos.

  Bajar el prensatelas y empezar a coser asegurándose de que los puntos rectos caigan sobre el dobladillo y los puntos en zigzag sobre la doblez de la labor. También se debe ajustar el ancho del punto si fuese necesario. Mientras se cose, girar el borde del dobladillo en línea recta y arrastrar con suavidad la doblez blando contra la guía. Se irán quitando los alfileres según se aproximen a ellos. Nunca se debe coser sobre alfileres.

- Fruncido:

  — Se ha de preparar la máquina para puntada recta y lo más larga posible. Esta técnica se utiliza para fruncir elásticos, mangas anchas, etc. A aproximadamente 6 milímetros de la orilla de la costura, comenzar a coser con costura larga hasta el final.

  Cuando esté completo, levantar la aguja a lo más alto, levantar el prensatela y tirar de los hilos de arriba y abajo hacia atrás. Cortar un mínimo de 15 centímetros de hilo. Repetir la operación a 6 milímetros de la primera hilera. Una vez terminadas las dos hileras, fruncir lo necesario tirando con el hilo de la bobina. Finalizar asegurando los hilos.

4.4. El zurcido

Las partes desgastadas o rotas de las ropas de vestir o ropa blanca de cama se pueden zurcir sin esfuerzo y rápidamente con un poco de práctica. Esta técnica se realiza en prendas que han sido descartadas en el circuito de lavado, secado, planchado y plegado, ya que se ha detectado en ellas roturas. Estas prendas que requieren arreglos, se apilarán para que, cuando exista una cantidad suficiente, se proceda a su reparación.

Hay que tener en cuenta que, cuando se precise un mayor control del área a zurcir, se debe adquirir un arco de bordar. Si el área está abierta, habrá que hilvanar un refuerzo en el revés.

Para todos los casos se debe colocar el área a zurcir, con el derecho hacia arriba, debajo del prensatela, bajar este y empezar a coser, tirando del tejido con suavidad hacia adelante y hacia atrás, alternativamente. Se continúa con este movimiento según se vaya llenando el área con líneas paralelas de puntos.

La elección del hilo dependerá del tipo de prenda que se vaya a zurcir.

4.4.1. Clases, técnica y aplicación

Zurcir es el proceso de coser tiras de hilo muy cerca entre sí para que parezcan tela. Con esta técnica alarga la vida de una prenda de ropa.

El procedimiento a seguir depende del tamaño del desperfecto, de su posición en la prenda y del tipo de tela con la que se va a trabajar. Si la rotura es limpia, sin hilachas, podrá zurcirse, pero si es grande y deshilachada deberá ponerse un remiendo.

- Zurcido invisible:
  — El zurcido invisible es un arte que permite restaurar una quemadura de cigarrillo, un reviente de bolsillo, enganches, desgarros, roturas y desgastes entre otros arreglos. Existen muy pocas personas que practiquen el arte del zurcido invisible, ya que es un trabajo artesanal en vías de extinción que consiste en utilizar los mismos hilos para recuperar la tela estropeada, dando como resultado un aspecto totalmente renovado de la prenda.

  Los zurcidos deben hacerse del lado del revés. La hebra debe dejarse floja en la primera pasada para evitar que en la segunda pasada tire y encoja el zurcido. Este tipo de costura debe encararse siempre a un centímetro, más o menos, de donde comienza el desgaste, haciendo una bastilla y dejando entre una y otra pasada un pequeño espacio, y no tomando nunca más de un hilo por vez.

  Los tejidos cruzados o con dibujos se zurcen de otro modo, es decir, una vez hecha la primera pasada, se pasa la trama por encima de tres hilos y se levanta uno. En las pasadas sucesivas, se tratará de adelantar un hilo siempre en el mismo sentido. Para hacer un zurcido invisible, bastará con hilvanar las dos orillas sobre un pedazo de forro consistente y sin cortar las hilachas que deben usarse como fondo de la trama.

- Zurcido a máquina:

  — Lo primero que se debe hacer es emparejar los hilos sueltos del aguje-
    ro que se quiere emparchar en la ropa, se coserá alrededor del aguje-
    ro para asegurar los hilos. Poner un trozo de tela de refuerzo detrás del
    agujero. Esta tela de refuerzo puede ser de peso similar o más liviana
    que la prenda en sí, o puede usarse un producto más liviano especial
    para zurcir a máquina. Poner alfileres alrededor de la tela de refuerzo.

    Preparamos la máquina de coser teniendo en cuenta que disponga del
    prensatelas de zurcir, que es un accesorio opcional que suelen suminis-
    trar algunos modelos de máquinas y que, en caso de no tenerlo, se ad-
    quiere fácilmente en establecimientos especializados. Quitar la placa de
    aguja regular y reemplazarla con la placa de zurcir. Esta es una placa espe-
    cial que permite mover la prenda de manera precisa, ya que no tiene dien-
    tes de arrastre. En algunas máquinas, simplemente se quitan los dientes.

    El *zurcido de brazo libre* se realiza sin el sistema de avance interno de
    la máquina de coser. El movimiento de la tela se controla con el opera-
    dor. Es necesario coordinar la velocidad de cosido y el movimiento de
    la tela.

    Coser una fila de puntadas alrededor del borde externo del agujero que
    se quiere zurcir. Comenzar a coser de adelante hacia atrás a lo largo
    del agujero de la prenda. Coser cada fila bien cerca de la otra.

    También se puede realizar en la primera hilada de izquierda a derecha,
    girando el trabajo en un cuarto y realizando una sobrecostura.

ACTIVIDADES DE REPASO Y AUTOEVALUACIÓN

4.1. ¿Para qué es utilizado el hilo de hilvanar?

4.2. Se ha de realizar una costura a mano en la que las puntadas deben ser finas y prietas. ¿Qué tipo de aguja se debe utilizar?

4.3. Completa el crucigrama con las definiciones de algunos materiales de costura que se utilizan en el taller de plancha y costura.

1. Se utiliza para insertar el hilo en el ojo de la aguja.

2. Elemento utilizado para colocar alfileres y agujas.

3. Hebra de material textil utilizada para coser

4. Utensilio para proteger los dedos y empujar la aguja sin hacernos daño.

5. Pequeñas piezas de acero utilizadas para unir telas o patrones.

4.4. ¿Qué tres elementos componen la máquina de coser?

4.5. ¿Para qué sirve la remalladora?

4.6. ¿En qué casos es utilizada la técnica de sobrehilado?

4.7. Cuando realizamos un zurcido a máquina, ¿qué haremos en primer lugar?

4.8. Las partes desgastadas o rotas de la ropa de vestir o ropa blanca de cama se pueden zurcir sin esfuerzo y rápidamente con un poco de práctica. Selecciona la afirmación correcta:

a. El zurcido invisible permite restaurar pequeños desperfectos en prendas; debe hacerse del lado del revés y comenzar a un centímetro más o menos de donde comienza el desgaste.

b. Para un buen zurcido se ha de preparar la máquina para puntada recta y lo más larga posible, aproximadamente a 6 milímetros de la orilla de la costura.

c. El zurcido se utiliza para proteger el borde de alguna prendas, evitando que estas se deshilachen. Se realizará al borde de la prenda.

4.9. ¿Qué diferencia existe entre el sobrehilado y el punto de festón?

_____

_____

_____

_____

_____

_____

_____

_____

4.10. Selecciona la afirmación correcta:

    a. Los procesos de costura que se realizan en los establecimientos de alojamiento son simples, ya que no se confeccionan prendas.

    b. En los establecimientos de alojamiento se realizan procesos de costura con alto grado de dificultad.

    c. El personal de costura debe conocer infinidad de técnicas de cosido a mano y a máquina por la complejidad que presentan los procesos en lencería.

4.11. En lencería se suelen realizar trabajos de costura como pequeños arreglos en prendas de clientes y empleados. Identifica el tipo de puntada con la técnica de costura a mano más habitual que le corresponde.

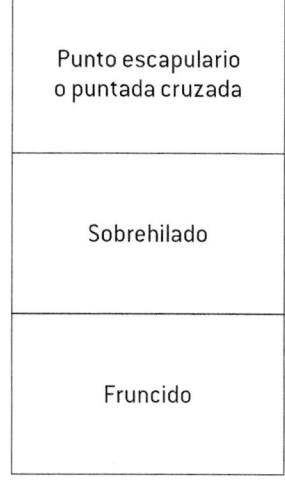

| Punto escapulario o puntada cruzada |
| Sobrehilado |
| Fruncido |

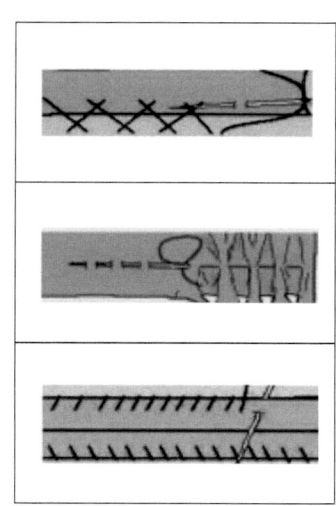

4.12. Encuentra en esta sopa de letras nueve de las técnicas de costura más comunes a mano y a máquina. Hilván, festón, punto recto, sobrehilado, pespunte, fruncido, ojal, repulgo, zigzag.

Z	A	Q	H	Q	H	H	I	L	V	A	N	I	L
F	E	S	T	O	N	R	E	P	U	L	G	O	X
W	F	R	U	N	C	I	D	O	Q	O	E	O	G
S	G	P	E	S	P	U	N	T	E	T	S	B	N
T	Y	J	P	M	K	G	I	E	R	S	E	D	V
C	H	R	A	J	O	J	A	L	X	B	E	Q	N
K	L	O	U	Z	Y	E	K	T	L	S	Y	M	E
O	P	J	B	K	E	X	E	L	F	Y	A	N	F
Q	S	O	B	R	E	H	I	L	A	D	O	R	P
O	F	Z	I	G	Z	A	G	J	V	P	Q	G	G
M	R	B	O	M	X	F	U	M	Z	O	V	J	K
F	H	R	D	W	L	S	I	L	P	L	P	X	V
S	P	U	N	T	O	R	E	C	T	O	X	P	S
D	O	V	K	P	R	C	L	V	T	Z	V	X	F

5. Almacenamiento y distribución interna de ropas y productos para el planchado

Contenidos

Objetivos

Aplicar las técnicas para el almacenaje, control y mantenimiento de los productos, utensilios y lencería propios del área de alojamiento.

Explicar los procedimientos administrativos relativos a la recepción, almacenamiento, distribución interna y expedición de existencias.

Explicar los criterios de clasificación y ubicación de existencias más utilizados. Interpretar y cumplimentar la documentación utilizada para el aprovisionamiento interno de productos, utensilios y lencería.

Una vez que la ropa ha pasado el proceso de lavado, secado y planchado, llega a la lencería, donde es indispensable organizarla de manera eficaz para su correcto almacenamiento y su posterior distribución. Para llevar a cabo estas tareas de manera eficiente, el departamento dispone de una serie de procesos administrativos que contralarán el movimiento de la ropa, las existencias y los costes que se produzcan en el departamento.

Para ello, el personal de lavandería-lencería debe conocer los diferentes sistemas de almacenaje de ropa limpia, qué criterios de clasificación y ubicación ha de tener cada prenda, así como la documentación necesaria para el control de existencias, que permitirá precisar el *stock* necesario e identificar las variables que intervienen en su cálculo. Además, debe determinar cómo y cuándo se han de hacer los inventarios y la realización de pedidos para la reposición de productos, utensilios y lencería, cumpliendo con los estándares del establecimiento.

Durante los procesos de almacenamiento pueden surgir una serie de anomalías en las que el personal deberá actuar siguiendo los protocolos establecidos por el establecimiento de alojamiento, siempre actuando con la responsabilidad que requiere la participación en los procesos de recepción, almacenaje y distribución de existencias.

5.1. Procesos administrativos relativos a la recepción, almacenamiento, distribución interna y expedición de existencias

El gobernante, o la persona responsable asignada, se encarga de clasificar la ropa limpia, planchada y repasada, comprobar que las existencias sean las necesarias para cubrir las exigencias del establecimiento, además de ocuparse de que la ropa limpia de clientes se entregue de forma que cumpla con los requisitos de calidad fijados por el establecimiento de alojamiento.

Para ello, el departamento de lavandería-lencería genera una serie de procesos administrativos referentes a la recepción, almacenamiento, distribución interna y expedición de existencias. Estos procesos administrativos son necesarios para el buen funcionamiento del departamento, ya que el volumen de trabajo así lo requiere.

El departamento de lavandería-lencería ha de tener una organización del espacio físico bien determinado, evitando mezclar las prendas o los útiles de la zona sucia con la limpia.

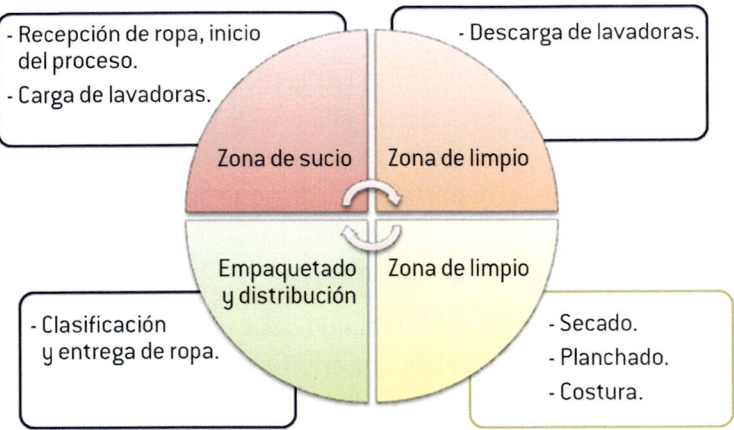

En el momento que la lencería recibe ropa, para su posterior devolución, se cumplimentarán los *vales de control de ropa,* en los que se incluirá el tipo de prenda y cantidad, figurando quién solicita el material, fecha y firma autorizada. Cuando las prendas ya no son aptas para el uso, se transformarán para ser usadas como retales y reutilizadas para la realización de determinados procesos de limpieza. Para esos casos también se llevará un control de bajas y rechazos.

En el resto de departamentos se siguen los mismos criterios, llevando diferentes controles administrativos para cada caso. Esto permitirá al departamento llevar un control del movimiento de ropa para pisos, cocina, restaurante y cualquier otro departamento que así lo requiera.

5.2. Distribución interna de ropas planchadas

La ropa utilizada en los establecimientos de alojamiento sigue un circuito que va desde la recogida de la ropa sucia hasta su devolución limpia. Cada departamento dispone de un tipo de ropa determinada que sigue un proceso propio.

Para una correcta distribución de la ropa del establecimiento de alojamiento, se debe tener una relación de la tipología de ropa existente en el mismo.

- *Uniformes y ropa para uso de personal*:
  — La compra de uniformes y su renovación es responsabilidad del gobernante o persona destinada para ello, debiendo seguir unos criterios como el tejido, calidad y textura adecuada a la función a realizar, la resistencia de la prenda a los lavados y que estas sean de fácil reposición.

  Es conveniente tener planchados con antelación los uniformes del personal. Se suelen colocar en percheros de pie separándolos por servicios, uniéndolos de forma ordenada para facilitar su posterior entrega. Es muy importante determinar el número de piezas por uniforme, para disponer del tiempo y la cantidad de ropa para su entrega limpia. Este circuito de ropa ha de completarse en un periodo máximo de 48 horas y debe comprobarse con los vales que se han gestionado durante la recepción de la ropa. Si faltase alguna prenda, se buscará en costura o lavandería por si hubiera sido necesario un arreglo en la misma o volver a lavar por la existencia de manchas persistentes.

Se plancharán a mano las prendas cerradas, como camisas, pañuelos, chaquetillas de pijama, pantalones y gorros de cocina.

Las prendas lisas como delantales y picos de cocina pasarán a la calandria. Tener especial cuidado con las cintas de los delantales, evitando que estas se enrollen en el rodillo y se obstruya la salida. Los picos de cocina se introducirán al hilo de la tela, pero nunca por una punta. Se doblan y se unen por números a los delantales, ya que forman un conjunto.

Los gorros de cocina se plancharán con almidón y se colocarán en un lugar destinado para ello, con su número marcado en el interior, o bien junto a la solapa.

Es muy importante que la lencería esté siempre informada del personal que trabajará en los diferentes servicios para tener siempre disponibles uniformes limpios o nuevos en el caso de reposiciones o nuevas incorporaciones.

- *Ropa de cliente*:

— Pasarán plancha de mano las prendas cerradas, camisas, blusas, jerséis de algodón, pantalones, etcétera.

Se quedará en lavandería la ropa que no ha de ser planchada, como calcetines, ropa de punto o ropa interior. Estas prendas pasan directamente de la secadora a la mesa de clasificación, donde previamente identificadas por su número de habitación, se doblan y se forman los lotes adecuados. Se procede al recuento de las prendas punteando con los impresos correspondientes.

El lote completo se coloca en una bandeja en la que se incluye el impreso que cumplimentó el cliente junto con un impreso nuevo, por si este deseara solicitar de nuevo los servicios de lavandería.

La bandeja con la ropa preparada del cliente se lleva a la habitación, normalmente es el turno de tarde el encargado de la entrega de ropa a los clientes. La ropa interior, camisetas y jerséis se dejan sobre la cama, mientras que los pantalones, camisas y chaquetas se colocarán junto con su percha correspondiente sobre el respaldo de una silla o lugar destinado para ello. En ningún caso se colocará dentro del armario de la habitación.

- *Ropa de cama y baño*:
  — Plana. Este tipo de prendas no pasa por el proceso de secado, sino que pasa directamente del centrifugado a la zona de planchado. Incluimos:
    - Sábanas.
    - Fundas de almohada.
    - Fundas de cuadrante.
    - Alfombrillas de pie de cama.
    - Toallas de tocador.
    - Colchas.
    - Fundones.
  — Rizo. Estas prendas pasan del secado a la mesa de clasificación.
    - Toalla de baño.
    - Toalla de lavabo.
    - Toalla de piscina.
    - Alfombrín.
    - Albornoz.
    - Toallas de bidé.
    - Toallas de tocador.
  — Identificaremos otro tipo de prendas que no entran dentro de ninguno de los grupos citados anteriormente, y que, según el caso, pasarán de la secadora a la mesa de clasificación o serán planchadas manualmente para dar el acabado final a la prenda, como:
    - Mantas.
    - Edredones.
    - Protectores de colchón.
    - Fundas interiores de almohadas.
    - *Toppers*.
    - *Plaids*.

- *Cortinas y ropa de decoración*:

  — Incluimos en este grupo las cortinas que están instaladas en las habitaciones y en las zonas comunes e internas. Normalmente, todas las cortinas han de estar identificadas con su número de habitación o ubicación, así como la colocación de la misma en la parte que corresponde. Además, suelen seguir un control de lavado independiente, generalmente con una rotación de lavado de dos veces al año como mínimo. En muchos casos precisan de lavado en seco, por lo que se contrata servicio externo y, en otros, se colocan tras el proceso de lavado, aún húmedas, para que el peso de la misma la asiente en el soporte del riel.

- *Ropa de restaurante*:

  — Para la ropa de comedor habrá que seguir unos criterios en su clasificación y distribución, como el número de mesas del comedor, teniendo en cuenta las formas y los tamaños de las mesas.

  El número de mesas especiales de banquetes y convenciones se almacenarán de forma independiente, utilizándose únicamente para ese fin. Es muy importante conocer el número de servicios que dará el comedor a lo largo del día para tener disponible la ropa necesaria.

  La lencería utilizada en los restaurantes se puede clasificar en:
  - Muletones para todo tipo de mesas.
  - Manteles para todo tipo de mesas.
  - Cubremanteles para todo tipo de mesas.
  - Servilletas.
  - Caminos de mesa.
  - Individuales para desayuno.
  - Cubrebandejas.
  - Litos.
  - Guantes.
  - Cubreaparadores.
  - Faldones para sillas y mesas.
  - Faldones para tableros y tarimas.

El mayor movimiento de ropa en la lavandería-lencería se establece para el área de las habitaciones del establecimiento de alojamiento. Por ello, es muy importante prever las necesidades de lencería, como mínimo, con un día de antelación. En el departamento de lavandería-lencería se debe conocer:

— La ropa que vestirá las habitaciones:

  - Este apartado incluye todas las piezas de lencería que lleva la cama, dependiendo del tipo de montaje: si es cama tradicional o cama alemana o un criterio propio establecido.

— El número de habitaciones del establecimiento y la capacidad de cada unidad alojativa:

  - Pongamos como ejemplo un establecimiento de alojamiento de 70 habitaciones dobles, en el que la lencería que lleva la cama incluye: forro de colchón, sábana bajera, edredón, fundón, funda de almohada, dos fundas de cuadrante y un *plaid*.

    Para saber las necesidades de vestir la totalidad de las habitaciones (lo puesto), calcularemos las necesidades por prenda, así pues, en el caso de las sábanas, si únicamente necesitamos una sábana para cada cama y teniendo en cuenta que el establecimiento dispone de 70 habitaciones que, al ser dobles tienen camas, necesitaremos 140 sábanas para vestirlas. En el caso de las fundas de cuadrante, esta cantidad se duplicaría.

— La previsión de ocupación:

  - Aunque todas las habitaciones han de estar siempre vestidas con su lencería de cama y baño correspondiente, la previsión de ocupación proporciona el porcentaje de habitaciones que se mantendrán ocupadas en determinadas fechas. Si un establecimiento de alojamiento de 100 habitaciones prevé que el índice de ocupación estimado para el siguiente mes es del 90 %, quiere decir que noventa de las cien habitaciones del establecimiento estarán ocupadas. Esta información, junto con el número de pernoctaciones que se realizarán, informará al departamento de las necesidades diarias de ropa.

    Según el estado en el que se encuentren las habitaciones, llevarán una determinada cantidad de lencería.

    Por ejemplo, si un camarero de pisos tuviera que hacer una habitación cuya llegada fuera del día anterior, posiblemente no precisaría de lencería de cama, ya que no se prevé el cambio, pero puede ser que sí necesitara un juego de ropa de baño.

La frecuencia en el cambio de lencería en las habitaciones viene determinada por ordenación vigente en cada Comunidad Autónoma y se establece según la categoría del establecimiento de alojamiento, pudiendo realizarse los cambios de lencería diariamente, días alternos, etcétera.

Una vez que se conozcan cuántas habitaciones necesitan ropa de cama y baño, la distribución se realizará simplemente repartiendo para cada piso, área o zona, la cantidad solicitada. En la lencería, se ha de llevar un control de ropa entregada, que se cotejará al final de la jornada con la ropa sucia recibida. Esto permitirá saber la cantidad de ropa que circula en el departamento y organizar los recursos necesarios para el buen funcionamiento del mismo.

En el caso del restaurante, el personal de lencería ha de conocer el número de mesas que conforman el comedor y los tamaños de las mesas para establecer la cantidad de juegos correspondientes para cada medida. El restaurante, a través del impreso de ropa de servicios, recogerá la mantelería necesaria que se verificará con lo sucio entregado. La cantidad que se necesita diariamente depende del número de clientes que accederán a cada servicio.

5.3. Proceso organizativo del almacenamiento de productos y utensilios para el planchado

El almacenamiento de la ropa debe realizarse teniendo en cuenta una serie de factores generales en las instalaciones y en el mantenimiento de la ropa.

El equipamiento de la lavandería-lencería tiene relación con el número de plazas del hotel y del rendimiento que se quiere sacar de ambas, teniendo siempre en cuenta una serie de aspectos relacionados con la prevención de riesgos laborales.

En lencería se manipula ropa limpia, y también es ahí donde se almacena, se distribuye y se controla el *stock*, además de hacer arreglos de costura, entre otras cosas.

Conviene alejar la ropa limpia de la lavandería, incluso para doblarla y plancharla, así se evita que se ensucie de nuevo. El equipamiento básico de la lencería consta de estanterías, armarios, mesas para la manipulación, máquina de coser y planchas para repasos.

Debe considerarse la amplitud de las instalaciones para facilitar el movimiento interno de personas, materiales y, sobre todo, para evitar que existan cruces entre los procesos. Según la estructura física de la lavandería, diferenciaremos tres formas de organizar el espacio:

- En forma de «I»:
  — Utilizado en recintos largos y estrechos donde la maquinaria y el mobiliario se disponen en una misma pared longitudinalmente por orden de utilización. La ropa sucia entra por un lado y sale por el opuesto.

- En forma de «L»:
  — Distribución apropiada para espacios cuadrados, aprovechando el ángulo. Las máquinas se ubican por orden de utilización. La ropa entra por el lado más cercano al ángulo que forma la estancia.

- En forma de «U»:
  — Normalmente se organizan utilizando tres paredes de la estancia. Si es lo suficientemente ancha, se colocarán las máquinas en paredes enfrentadas. El proceso debe realizarse con cuidado, ya que la entrada y salida de ropa suele realizarse por el mismo sitio.

Una vez dispuesta la maquinaria en las instalaciones de forma apropiada, se establecerán las necesidades de elementos de faciliten el transporte y almacenaje de la ropa y de los útiles necesarios.

El almacén debe estar libre de humedad y la ropa debe reposar en las estanterías al menos 24 horas para favorecer la evaporación de productos químicos que se han utilizado durante el proceso.

Las primeras prendas que entran son las primeras en salir, ya que la acumulación de ropa favorece la aparición de humedad, mohos e insectos que deterioran la ropa.

Para la ropa de comedor, en la lencería se organizan las estanterías y armarios teniendo en cuenta que deben tener, como mínimo, dos. Se aconseja que se organice la ropa grande en una estantería formando dos lotes para que medie el tiempo mínimo de reposo entre su entrada y su entrega. Los grupos de ropas pequeñas se dispondrán en lotes de diez unidades separados entre sí por dos centímetros aproximadamente. Los grupos de diez servilletas se unirán formando torres. Este sistema de organización para su distribución facilita el trabajo en la lencería.

La ropa de pisos puede almacenarse de dos maneras:

- Formando lotes de grupos con la ropa necesaria para vestir cada habitación y agruparlos en columnas.

- O colocar por separado cada grupo de prendas distintas. Esta forma de almacenaje suele ser la más utilizada.

Con respecto a la ropa de cocina, las prendas más grandes van en la parte baja del armario, separando por estantes la ropa del personal, como delantales y picos, de la auxiliar, como paños y servilletas.

Así pues, una consideración general cuando nos referimos al almacenaje sería que la ropa de cambio diario se colocará en estanterías inferiores, donde las prendas estén más a mano y la ropa de reserva en estanterías superiores.

5.3.1. Aplicaciones de sistemas de almacenaje

Cada establecimiento decidirá su sistema de almacenaje en función de la configuración del departamento, de los artículos, los productos y los métodos de gestión de existencias, condicionados por la funcionalidad y la operativa del departamento.

Se aplicarán sistemas de almacenajes estáticos en estanterías fijas o móviles que se adaptan a las necesidades del personal para recoger y distribuir los artículos. Hay establecimientos que acondicionan en cada planta estancias destinadas al almacenaje. Esto supone una reducción en el tamaño de la lencería y una mayor comodidad para el personal de planta, ya que dispone de la ropa necesaria evitando desplazamientos. Para estos casos, se distribuirá la ropa teniendo en cuenta el número de habitaciones de las que esté compuesta y de las prendas que necesite. Los *offices* de ropa han de permanecer cerrados y limpios, evitando así el deterioro o pérdida de la ropa.

- Sistemas de almacenamiento móvil:
  - La gestión inteligente de ropa de cama y lavandería no es un lujo. Estos sistemas pueden abarcar desde los simples sistemas de estanterías con ruedas de carga baja, que transportan las prendas, hasta sofisticados sistemas móviles, que permiten cubrir los distintos procesos que tienen lugar dentro de la lavandería y durante la distribución de la ropa. Si se dispone del carro adecuado con la capacidad que necesita, se garantizará un flujo de circulación de la ropa óptimo y una mayor productividad que repercute en el rendimiento del departamento.

- Sistemas de almacenamiento fijos:
  - Son sistemas convencionales de almacenamiento en estanterías, facilitan la localización de las diferentes prendas, han de estar distribuidas de forma que optimicen los espacios dispuestos, permitiendo el trabajo de forma cómoda y funcional.

5.3.2. Criterios de almacenaje de ropas: ventajas e inconvenientes

Para asegurar la cantidad de lencería necesaria para un establecimiento de alojamiento es necesario conocer el tipo de cliente, el índice de ocupación regular o puntual, los medios de lavado y la frecuencia del cambio.

Es necesario tener en cuenta que la lencería está repartida en el *stock* de pisos y restaurante, que corresponde a la ropa puesta, ropa esperando a ser lavada y ropa en *offices*. La cantidad de prendas en depósito dependerá del número de habitaciones de cada piso. Esta ropa se entrega a cada camarero de pisos mediante un recibo que deberá firmar.

Los armarios donde se guarda la lencería han de estar limpios. Si los entrepaños no son de fórmica, han de estar cubiertos de papel satinado. Si el armario es pequeño, las prendas grandes se dispondrán en el fondo y las pequeñas delante.

La ropa debe colocarse en diferentes entrepaños, por ejemplo la de cama en uno y la de baño en otro. Nunca se colocarán en el mismo montón dos tipos diferentes de prendas.

La clasificación de las prendas suele hacerse en horizontal, ya que facilita la entrega. La ropa debe estar colocada de forma que se pueda acceder a ella

fácilmente, evitando el exceso de manipulación y esfuerzos innecesarios. La buena organización del almacén es una ventaja, ya que favorece que este se adapte a las necesidades del departamento, permitiendo realizar con facilidad recuentos de ropa y el control necesario para evitar que las ropas se deterioren o ensucien.

Los uniformes de personal se organizarán en el departamento. Independientemente de su talla, suelen ir colgados y para su distribución se utilizan carros perchero.

5.3.3. Clasificación de los productos

El almacenamiento y distribución interna de productos depende del tipo de almacén y de suministros que podrán estar en el mismo recinto o dividido en varios. Se establecerán cantidades fijas para su reposición mensual, que permitirá al personal de la lavandería-lencería verificar los consumos.

Los útiles y productos necesarios para el buen funcionamiento del departamento serán acordes al trabajo que se ha de realizar.

Todos los productos, útiles y lencería deben estar almacenados de forma segura que facilite su conservación y, además, que sean de fácil acceso. Los trabajadores del departamento son los encargados del su mantenimiento, realizando las tareas de limpieza, revisión y recuento.

La mayoría de los productos utilizados en la lencería están envasados, de modo que se diferencia claramente un producto de otro. Esto favorece su almacenaje, además de proteger el producto del contacto directo con las prendas. Los envases de los productos se pueden presentar de forma industrial, por lo que se ha de trasvasar a envases de consumo, siempre siguiendo las normas de prevención de riesgos para la salud establecidas en el mismo.

Se ha de controlar la caducidad de los productos para evitar el deterioro, controlando las que están almacenadas con el fin de realizar reposiciones que cumplan con los *stock*s prefijados y evitando romper la productividad del establecimiento de alojamiento.

5.4. Aplicación de procedimientos de gestión de *stock*s

Los criterios de clasificación de *stock* están referidos a la organización de cada clase tipo o utilidad de los materiales guardados en los lugares establecidos.

La ropa de cama se coloca en pilas de determinadas unidades. Los estantes se regularan a la altura necesaria para cada tipo de prendas, que estarán separadas habitualmente de diez en diez por una cartulina o separador para facilitar el recuento. Cuando el entrepaño esté completo, se cubrirá con una sábana en desuso, donde se le adjuntará una cartulina con el número total de piezas. En el entrepaño siguiente, derecho o izquierdo, según por dónde se haya comenzado, se continuará con la colocación con el mismo número de piezas.

La clasificación se realiza en horizontal para facilitar la entrega, evitando el estancamiento de la ropa de los estantes más altos.

El orden de clasificación de la ropa de cama suele efectuarse de la siguiente manera, siempre dependiendo de la cantidad de ropa que vista la cama. A continuación se detallarán una serie de prendas con composición y medidas más habituales.

- *Sábanas individuales*:
  - Normalmente se utiliza el mismo tipo de sábana bajera y encimera, incluyendo un embozo de 5 cm.
  - Las más comunes son las de mezcla de poliéster y algodón al 50 %.
  - Las medidas para cama de 90 cm suelen ser de ancho de 1,60 cm.

- *Sábanas de dos cuerpos o de matrimonio*:
  - Son de la misma composición que las individuales poliéster y algodón al 50 % con su embozo correspondiente de 5 cm.
  - Las medidas para cama de 150 cm son de 2,40 cm de ancho.

- *Fundas de colchón según tamaños de las camas*:
  - Normalmente realizadas en rizo, de composición 70 % algodón y 30 % poliéster. Además, son prendas que resisten lavados hasta los 90 ºC.

- *Fundas de almohada*:
  - Generalmente se utilizan las fundas simples de dos bocas con embozo de 5 cm. Siendo la medida más utilizada la de 44 cm × 100 cm y de 100 % algodón.

- *Fundas de cuadrante*:
  - Se presentan en tamaño simple de 40 cm × 40 cm, aunque también se pueden encontrar de 47 cm × 47 cm con volante de 8 cm. Esta elección depende del gusto del establecimiento.
  - La composición más habitual es de 50 % poliéster y 50 % algodón.

- *Funda nórdica básica*:
  - Este tipo de funda suelen adquirirse con aberturas laterales superiores que facilitan la inserción del edredón.
  - Las medidas para camas de un cuerpo serían de 160 cm × 240 cm.
  - Para camas de dos cuerpos; 250 cm × 240 cm.

- *Mantas*:

  — Como en los casos anteriores, se separan las mantas individuales de las de matrimonio.

  — La composición de las mantas suele ser de 88 % acrílico y 12 % poliéster. Para este tipo de prendas se tiene en cuenta el peso por metro cuadrado, ya que la capacidad de las máquinas de lavado depende del peso de la ropa a tratar, para este caso 400 g/m².

  — Las medidas son:

    - Cama individual de 90 cm × 200 cm; 160 cm × 240 cm.

    - Cama doble/matrimonio de 150 cm × 200 cm; 220 cm × 240 cm.

- *Colcha blanca o colcha de noche*:

  — Este tipo de prenda se utiliza en establecimientos que realizan coberturas en camas tradicionales, en las que se retira la colcha de día.

  — Suelen ser 100 % algodón en tejido crepé, con un peso de 215 g/m².

  — Las medidas son:

    - 90 cm × 200 cm; 170 cm × 275 cm.

    - 150 cm × 200 cm; 250 cm × 275 cm.

- *Edredones*:

  — Se clasificarán también por separado y por tamaño de cama.

  — Los fundones son de composición 100 % algodón, mientras los rellenos son 100 % poliéster.

  — Para camas de 90 cm × 200 cm la medida será de 150 cm × 220 cm.

  — Para camas *Queen* de 150 cm × 200 cm, esta medida será de 220 cm × × 240 cm.

- *Plaids*:

  — Estas mantas, que cubren parte de la cama, se utilizan de forma decorativa en muchos establecimientos. Sueles estar compuestas de 55 % acrílico y 45 % poliéster.

  — Las medidas son:

    - Cama de 90 cm; 165 cm × 60 cm.

    - Cama de 150 cm; 220 cm × 60 cm.

Por otra parte, también se organizará la ropa de baño teniendo en cuenta la siguiente clasificación de prendas, que podrán variar en función del establecimiento de alojamiento:

- *Toallas de baño*:

  — Composición en algodón rizo 100 % algodón, normalmente con greca en la que algunos establecimientos estampan su logotipo.

  — Suelen tener un gramaje de 450 g/m^2 y su medida es de 70 cm × 150 cm.

- *Toallas de lavabo*:

  — Misma composición y gramaje que las toallas de baño.

  — La medida estándar de este tipo de toallas es de 50 cm × 100 cm.

- *Toallas faciales/cosmética*:

  — Pueden ser de tejido de hilo o de rizo. Normalmente la medida es de 30 cm × 30 cm.

- *Alfombrín*:

  — Tejido de rizo convencional 100 % algodón, con un gramaje de 800 g/m^2.

  — Medidas de 50 cm × 60 cm.

- *Albornoces*:

  — Los más habituales son los de algodón 100 % sanforizado con dibujo de nido de abeja o simplemente de rizo convencional. Con un gramaje medio de 250 g/m^2.

Otras prendas que se clasifican en los almacenes de la lencería son:

- *Toallas de piscina*:

  — 100 % algodón, varios gramajes según calidad de rizo y de 80 cm × 160 cm.

- *Zapatillas*:

  — Estos artículos de bienvenida que se obsequian al cliente a su llegada, son almacenados en la lencería, composición 92 % algodón y 8 % poliéster.

- *Paños de cocina*:

  — Utilizados en aquellos alojamientos en los que la unidad alojativa dispone de cocina. Según el establecimiento, se pueden encontrar infinidad de modelos, siendo los más habituales los de tejido de sarga o *twill*.

Con la ropa de comedor y restaurante se precisará un mayor número de estanterías, ya que las mesas suelen tener diversos tamaños. En el caso de medidas especiales para tableros, se especificará en el entrepaño correspondiente «largos especiales».

Debajo de cada entrepaño correspondiente se colocarán los cubres, ya que se cambian con más frecuencia. Se colocarán el doble que manteles, lo mismo ocurre con las servilletas, que son las piezas más usadas. Los litos, aunque a cada camarero se le entrega uno al inicio del servicio, se necesitarán algunos más, además de los ya colocados en las mesas supletorias.

Las tiras de aparadores, de mostrador, los manteles de bandejas y las bases de aparadores suelen colocarse en la misma estantería, junto con los paños de repasar la cristalería y los paños de rejilla.

Las medidas de los manteles y cubres dependen del tamaño de la mesa. Como norma general se establecen las siguientes medidas:

Medida de la mesa (cm)	Medida del mantel (cm)	Medida del cubre (cm)
80 × 80	150 × 150	110 × 110
90 × 90	160 × 160	120 × 120
80 × 110	150 × 180	110 × 140
80 × 120	150 × 200	110 × 150
100 × 100	170 × 170	130 × 130
100 × 120	170 × 190	130 × 150
100 × 130	170 × 200	130 × 160
110 × 110	180 × 180	140 × 140
120 × 120	200 × 200	150 × 150

Otras ropas utilizadas en comedores son los caminos de mesa, pudiendo diferenciar entre los siguientes tamaños:

Medida de la mesa (cm)	Medida del camino de mesa (cm)
70 × 70	50 × 100
80 × 80	50 × 100
90 × 90	55 × 120
100 × 100	55 × 130
70 × 120	50 × 150
80 × 120	50 × 150
90 × 140	55 × 170

Los uniformes de personal se clasifican por especialidad o función. Independientemente de la talla, se dividen entre los que se pueden plegar o los que han de mantenerse en pechas.

- Entre los uniformes que deben plegarse, según su departamento serían:
  — Cocina:
    - Chaquetilla cocinero.
    - Pantalón de cocinero.
    - Picos.
    - Gorros.
    - Delantales.
  — Comedor:
    - Chaquetillas camarero.
    - Pantalón camarero.
    - Camisas.
    - Corbatas.
    - Pecherines.
    - Fajines.
  — Personal de limpieza:
    - Blusas.
    - Camisas.
    - Pantalones.

- Faldas.

- Delantales de peto.

- Cofias.

- Batas.

— Personal de *offices* y pinches:

- Delantales de peto plastificado.

- Delantales de peto de tela.

- Batas.

- Monos.

— En establecimientos hospitalarios:

- Camisola y pantalón, clasificados por color y talla.

- Batas blancas sanitarias.

- Cubrecabezas y cofias.

- Batas personal de limpieza.

Los uniformes que se clasifican en percheros son los de:

- Personal recepción.

- Administración.

- Relaciones públicas.

- Conserjes.

- Porteros.

- Mozo de equipajes.

- Botones.

5.4.1. Aplicación de criterios de clasificación de *stocks*

Las existencias y *stocks* son el conjunto de materiales o mercancías que tiene la empresa almacenados en espera de su utilización.

Gestionar el *stock* necesario plantea varias variables:

- La dificultad de prever con exactitud las necesidades de ropa y productos, ya que el establecimiento varía su ocupación dependiendo de las temporadas.

- El nivel de servicio al cliente y la previsión de ventas.

- Los plazos de entrega del proveedor.

- Los costes de la gestión de existencias:

  — El coste de adquisición.

  — El coste de almacenamiento y conservación para mantener en buen estado los productos almacenados.

- El coste por rotura de *stocks* que se produce cuando no se puede satisfacer la demanda.

La reposición de stocks o reaprovisionamiento tiene lugar antes de que se produzca el desabastecimiento. Es decir, debemos emitir un nuevo pedido cuando lleguemos a un nivel de existencias que nos permita cubrir la demanda hasta que llega el suministro.

El *punto de pedido* es el momento en que debemos realizar un pedido para evitar roturas de *stocks*.

- Sistemas de revisión de *stocks*:

  — *Sistema de revisión periódica*: consiste en revisar el *stock* a intervalos de tiempo constantes y hacer un pedido desde el nivel de *stock* que se observa hasta un nivel de *stock* máximo. Para cada producto se fija una fecha fija de pedido y se solicita una cantidad variable, de tal forma que cuando recibimos el pedido siempre llegamos al *stock* máximo.

  — *Sistema de revisión perfecta*: se trata de un sistema mixto que consiste en conocer el ritmo de demanda de las existencias y, de esta forma, prever el momento en que se van a agotar las mercancías. La petición se hace al llegar el punto de pedido y la cantidad solicitada es variable. Siendo esta la necesaria para que, en el momento de recibir el pedido, el *stock* total coincida con el *stock* máximo.

En la aplicación de criterios de clasificación de *stock* se deben precisar los conceptos de *stock* óptimo y mínimo, así como la rotura de *stocks*, identificando las variables que intervienen en su cálculo.

- *Stock* máximo:

  — Corresponde a la cantidad máxima de existencias de un determinado producto disponibles en el almacén.

- *Stock* óptimo:

  — Es la cantidad justa de existencias para satisfacer la demanda del establecimiento, evitando tener demasiadas existencias.

- *Stock* mínimo:

  — Es la cantidad mínima de existencias en el almacén que permiten satisfacer la demanda hasta que se vuelva a aprovisionar el departamento
  de los productos necesarios.

Cuando las existencias en el almacén no son suficientes para satisfacer la demanda del establecimiento, decimos que se ha producido una rotura de *stock*.
Esta circunstancia afecta a la productividad del departamento.

5.4.2. Análisis de la rotación y ubicación de existencias de lencería

La duración media de los tejidos a los lavados es determinante para saber el
grado de rotación de la ropa en la lencería. Existe una serie de variables que in-
fluyen en la vida útil de la ropa.

- El grado de polimerización de la celulosa.

- Acción mecánica de los lavados.

- El desgaste durante los usos.

- Acción química de los blanqueantes y detergentes.

  — Los detergentes más alcalinos producen mayores desgastes sobre las
  fibras, al igual que la lejía.

- Calidad del agua durante el lavado.

  — Las aguas duras producen incrustaciones calcáreas en los tejidos ata-
  cando a la celulosa. Si el agua tiene mucha concentración de hierro,
  amarillea la prenda y solo puede eliminarse con productos químicos específicos que acortan la vida de la prenda.

Es muy difícil precisar el número de lavados al que un textil puede someterse
hasta que deja de estar en condiciones de ser usado, ya que influye el uso al
que se le somete, el tipo de prenda y el grado de suciedad que presenta.

Se controlarán las causas y los tipos de deterioros en las prendas, así como los
desgastes del tejido. La decoloración o el teñido de la ropa se debe al lavado inade-
cuado de prendas con clores poco sólidos, junto con otras que por su composición
tienen facilidad para asimilar el exceso de tinte que pierden las otras. Esto se debe a
la falta de previsión y a pretender economizar lavados juntando prendas que deben
lavarse por separado. Se deben observar siempre las indicaciones del fabricante.

Cuando la baja de la ropa se debe a que encoje, probablemente la causa sea que se ha lavado a una temperatura inadecuada y no se advierte según la composición de la prenda. Las altas temperaturas tienden a apelmazar el tejido provocando un encogimiento que no tiene solución. La ropa también encoge por abusar de la secadora.

Las existencias de ropa son fundamentales para el buen desarrollo y cumplimiento de las tareas de los diferentes departamentos de los establecimientos de alojamiento. Se precisa una reposición de las prendas deterioradas o fuera de uso.

Para calcular el *stock* de lencería necesario en el área de habitaciones, hay que tener en cuenta una serie de factores:

- Qué cantidad de ropa está puesta en las habitaciones:

  — Este dato es fijo, ya que todas las habitaciones han de estar totalmente equipadas. Las prendas de ropa se gestionarán individualmente.

- La frecuencia del cambio de ropa en los establecimientos:

  — La frecuencia del cambio es el número de veces que se cambia una prenda en un determinado tiempo. Según la categoría del establecimiento, los cambios de ropa se pueden realizar diariamente, días alternos, tres veces a la semana o como se establezca con el cliente. En todo caso, no tendrán las mismas necesidades de ropa un establecimiento que cambie la ropa de la habitación a sus clientes todos los días, de aquel que lo haga cada dos pernoctaciones o al tercer día, que es lo mismo que decir tres veces a la semana. Por lo tanto, si una prenda se cambiara todos los días, la frecuencia del cambio sería 1.

$$Fc = \frac{1}{1} = 1$$

Para el cálculo de las necesidades de ropa del establecimiento debemos disponer de cinco cambios en circulación.

Pongamos el ejemplo de un establecimiento de 80 habitaciones dobles que quiere adquirir sábanas para su establecimiento. Las sábanas bajeras y encimeras se cuentan en el mismo juego, por lo que **puestas** en las habitaciones habrá 320 sábanas. Para el cálculo de la cantidad de **sucias, lavándose y limpias,** tendremos en cuenta la frecuencia del cambio, que para este ejemplo es diaria, siendo el resultado 960. Y, por último, la cantidad en **reserva**, que correspondería a un juego completo, lo que significa la misma cantidad que las puestas, 320.

Stock máximo	Cantidad justa de existencias para satisfacer la demanda del establecimiento.
Stock óptimo	Cantidad máxima de existencias de un determinado producto disponibles en el almacén.
Stock mínimo	Cantidad mínima de existencias en el almacén que permiten satisfacer la demanda hasta que se vuelva a aprovisionar.

Así pues, las necesidades de *stock* de sábanas para este establecimiento serían de 1600 unidades.

En cambio, si el establecimiento de alojamiento realizara los cambios tres veces a la semana, las necesidades de existencias serían menores. Pongamos el ejemplo en una plantilla que facilitará los cálculos.

PREVISIÓN DE *STOCKS* DE ROPA								
Prenda	Código	Puesta	Fc	Sucia	Lavándose	Limpia	Reserva	Total
Sábanas individuales	1001	$(4 \times 80) =$ 320	0,43	138	138	138	320	1054

Para llevar un control de la lencería, el personal de limpieza de habitaciones percibirá la misma cantidad de ropa limpia que las piezas sucias entregadas a lavar. Este sistema permitirá llevar un control de existencias y se podrán detectar más fácilmente las anomalías surgidas con las prendas, además de conocer la capacidad de la lavandería para atender las necesidades diarias del departamento.

Se debe estimar un cálculo para establecer la dotación inicial de ropa. Para ello se analizarán las necesidades de cada servicio o departamento, como son:

• Tipo de ropa utilizada en función del servicio prestado.

• Número de prendas mínimas de cada tipo que se necesite.

- Número frecuencia de cambio de ropa.

El gobernante asesora de cuándo deben renovarse los equipos y las existencias a través de una propuesta de pedido.

Una vez que se ha propuesto la cantidad necesaria de prendas de cada tipo para el establecimiento tras gestionar la compra, se realizará la petición correspondiente. El departamento de compras se encarga de tramitar la compra, conseguir presupuestos, seleccionar proveedor, confirmar pedido y hacer el seguimiento.

Cuando se recibe el pedido, este se registra y se revisa. En caso de existir disconformidad, se procederá a la devolución de la mercancía al proveedor, haciendo constar la incidencia en el albarán de entrega.

Tras recibir la mercancía, debe procederse a su almacenamiento, siguiendo los criterios de clasificación, que faciliten su localización, flujos de entrada y salida, orden, accesibilidad, etcétera.

5.4.3. Cumplimentación de fichas de almacén

Las fichas de almacén sirven para registrar los movimientos de existencias en el departamento. Cada artículo tendrá asignada su ficha correspondiente.

Las funciones generales del almacén son:

- Solicitar el reabastecimiento de los productos cuando sean necesarios.

- Recepción y registro de los materiales suministrados.

- Rechazo del material que no satisfaga los requisitos del pedido.

- Acondicionar, proteger y conservar los artículos que tiene bajo su responsabilidad.

- Evitar las perdidas y deterioros del material almacenado.

- Distribuir los artículos a los departamentos que los soliciten.

- Establecer una adecuada rotación de *stocks*.

- Registrar y controlar los movimientos en el almacén mediante la gestión de inventarios.

- Controlar el consumo de productos por los distintos departamentos, detectando anomalías.

- Diseñar y elaborar la documentación utilizada en el almacén.

No existe un determinado formato para la ficha de almacén. El diseño depende de cada establecimiento o de la aplicación informática utilizada.

En general, los datos que debe incluir serían:

- La identificación del establecimiento.

- El número de ficha y método de valoración.

- Nombre del artículo.

- Tipo de producto, medida, composición, etcétera.

- Código de asignación.

- Fecha de realización del pedido y datos del proveedor.

- Fecha de entrada en el almacén.

- Número del pedido al que hace referencia.

- Número de serie o lote de cada producto.

- Fecha de salida del almacén.

- Departamento al que va dirigido.

- Número de unidades compradas y el precio unitario.

Cuando la mercancía ha entrado en la lencería, es aconsejable realizar también fichas de almacén con los datos más generales de cada artículo, con el fin de controlar las existencias recibidas. Para ello se cumplimentarán las fichas de almacén específicas para la lencería.

Además de los tipos de organización del almacenamiento de productos, es necesario realizar inventarios cada cierto tiempo, para verificar que las existencias registradas en las fichas están realmente en *stock* y para dar de baja aquellas pendas que han sufrido algún desperfecto.

- Inventario anual:

  — Todas las empresas realizan este inventario una vez al año, coincidiendo con el final del ejercicio económico. Se bloquearán los movimientos de almacén mientras se lleve a cabo. Su principal inconveniente es que los errores detectados son de un periodo largo de tiempo.

- Inventario permanente:

  — Consiste en el recuento de los movimientos de existencias durante la jornada. En este caso, las anomalías se detectan más rápidamente, pero no es muy práctico para establecimientos con grandes cantidades de ropa.

- Inventario rotativo o periódico:

    — El establecimiento establecerá la periodicidad, dependiendo del artículo, ya que hay prendas que presentan un mayor movimiento, debiendo realizarse inventarios de forma semanal o quincenal. En cambio, hay otra serie de artículos que, al presentar un menor movimiento, se pueden realizar los inventarios con una periodicidad trimestral, semestral o incluso anual.

ACTIVIDADES DE REPASO Y AUTOEVALUACIÓN

5.1. ¿Quién es la persona responsable que se encarga de comprobar que las existencias sean las necesarias para cubrir las exigencias del establecimiento?

5.2. Relaciona cada tipo de *stock* con su definición correspondiente:

Stock máximo	Cantidad justa de existencias para satisfacer la demanda del establecimiento.
Stock óptimo	Cantidad máxima de existencias de un determinado producto disponibles en el almacén.
Stock mínimo	Cantidad mínima de existencias en el almacén que permiten satisfacer la demanda hasta que se vuelva a aprovisionar.

5.3. Completa el siguiente organigrama, teniendo en cuenta los espacios físicos diferenciados que debe tener la lavandería-lencería de cualquier establecimiento de alojamiento.

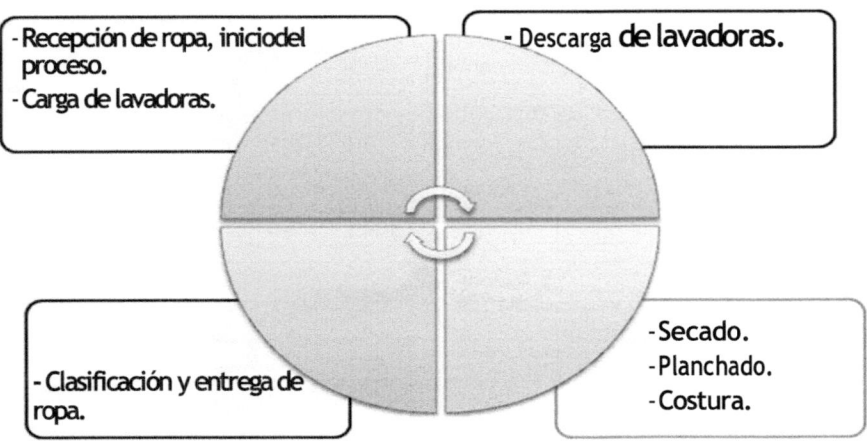

5.4. Álvaro, el jefe de lencería, debe calcular el número de toallas de baño que hay colocadas en las habitaciones. Teniendo en cuenta que el establecimiento de alojamiento dispone de 150 habitaciones dobles, ¿cuántas toallas de baño habrá puestas?

_____

_____

_____

_____

5.5. Busca en la sopa de letras las siguientes palabras relacionadas con la ropa del establecimiento. Albornoz, cojín, servilleta, mantel, alfombrín, toalla de baño, funda, cuadrante, faldón, sábanas, colcha.

C	U	A	D	R	A	N	T	E	C	S	B	K	A
O	Q	D	B	C	O	L	C	H	A	N	P	I	L
N	F	S	H	F	X	I	M	A	N	T	E	L	B
S	S	T	O	A	L	L	A	D	E	B	A	Ñ	O
F	S	E	R	V	I	L	L	E	T	A	P	J	R
B	F	A	C	T	U	E	R	A	C	T	H	H	N
O	O	A	O	A	N	H	K	L	I	W	N	F	O
V	S	A	J	E	A	F	U	F	O	N	O	A	Z
G	A	M	I	Z	M	U	R	O	X	E	N	L	I
P	B	G	N	L	U	N	F	M	R	T	S	D	Q
Y	A	R	J	Z	N	D	J	B	W	C	T	O	S
K	N	G	D	U	H	A	H	R	O	M	U	N	Y
Y	A	F	I	P	V	I	W	I	A	M	G	Y	O
I	S	L	S	G	B	E	D	N	G	E	G	T	E

5.6. Para prever el *stock* de ropa, ¿de cuántos cambios debe disponer el establecimiento de alojamiento?

_____

_____

5.7. El departamento de compras solicita al gobernante una estimación de necesidades de alfombrines para el establecimiento. Si el establecimiento cuenta con 230 habitaciones dobles estándar y la frecuencia del cambio de los alfombrines es diaria, ¿cuál será la cantidad que se señalará en la propuesta de pedido?

_____

_____

_____

5.8. ¿Qué tipo de inventario realizan todas las empresas una vez al año?

_____

_____

_____

5.9. Nos piden que calculemos la previsión de toallas de baño para un establecimiento de 100 habitaciones dobles, con una frecuencia de cambio diaria.

PREVISIÓN DE _STOCKS_ DE ROPA								
Prenda	Código	Puesta	Fc.	Sucia	Lavándose	Limpia	Reserva	Total

5.10. Teniendo en cuenta los tipos de organización de los establecimientos. Responde si estas afirmaciones son verdaderas (V) o falsas (F).

Sistema de revisión periódica: consiste en revisar el _stock_ a intervalos de tiempo constantes y hacer un pedido desde el nivel de _stock_ que se observa hasta un nivel de _stock_ máximo.	
Cuando las existencias en el almacén no son suficientes para satisfacer la demanda del establecimiento, decimos que tenemos el _stock_ óptimo.	
Existe un determinado formato para la ficha de almacén. El diseño de cada establecimiento se solicita a una central de impresión.	
Para el cálculo de las necesidades de ropa del establecimiento debemos disponer de cinco cambios en circulación y tener en cuenta la frecuencia de cambio de las prendas.	
Cuando la mercancía ha entrado en la lencería, es aconsejable dejar en blanco sin completar las fichas de almacén, con el fin de controlar las existencias recibidas.	

6. Normativa de seguridad, higiene y salud en los procesos de planchado y arreglo de ropa propios de establecimientos de alojamiento

Contenidos

Objetivos

Identificar e interpretar la normativa vigente en materia de seguridad, higiene y salud.

Identificar las protecciones necesarias para el manejo de equipos, máquinas y utensilios.

Reconocer los daños y riesgos que se derivan de una incorrecta utilización de la maquinaria, útiles y herramientas.

Aplicar los criterios de seguridad y medioambientales en la manipulación de productos químicos.

En el departamento de lavandería-lencería se deberán interpretar las normas vigentes en materia de seguridad, higiene y salud referidas al planchado, arreglo y confección de prendas propias de los establecimientos de alojamiento. Además, el personal del departamento debe identificar y utilizar correctamente toda la maquinaria de la que se dispone en la lavandería-lencería, aplicando la normativa en seguridad e higiene sobre la manipulación de la misma.

La principal preocupación en materia de salud y seguridad en el sector está relacionada con las condiciones generales del entorno de trabajo.

En muchas actividades dedicadas a la confección y arreglo de ropa, se producen, además de los accidentes de seguridad, otro tipo de problemas, quizás más ocultos pero no por ello menos importantes, relacionados con los planteamientos correctos de lo que es la ergonomía en el puesto de trabajo, como el tipo de mobiliario, la iluminación, el ruido de las máquinas, etc. También con la organización del trabajo, en lo que se refiere a horarios, reparto de responsabilidades, comunicación, carga de trabajo, etcétera.

Estos factores se refieren a problemas de salud como dolencias musculares, alteraciones en la vista, estrés o la fatiga física y mental.

6.1. Identificación e interpretación de normativa especificas

Se debe implantar un sistema de gestión de la prevención de riesgos laborales que permita al establecimiento cumplir con sus obligaciones legales, evitar los costes relacionados con la falta de prevención y proteger la integridad física y salud de sus trabajadores.

Para evitar riesgos, el trabajador debe reconocerlos y la empresa es la responsable de comunicárselo y ofrecer el material necesario para su prevención, además de organizar con claridad las tareas de responsabilidad de cada persona, así como facilitar los recursos necesarios para llevarlas a cabo, como materiales, herramientas, conocimientos y el tiempo adecuado para cada circunstancia.

Igualmente, hay que establecer prioridades de las tareas, evitando que se generen interferencias entre los objetivos asignados y se facilite la realización del trabajo. Así como fomentar la comunicación personal y la participación de los trabajadores en las actividades de la empresa.

Estas actitudes son positivas para la organización, puesto que favorecen la comprensión de la información (instrucciones, objetivos, recursos, prevención…) y aumentan la motivación hacia el trabajo. También se deben llevar a cabo programas periódicos de formación sobre prevención de riesgos laborales, que ayuden a trabajar con mayor seguridad. En el caso de talleres de confección, al igual que en otras tareas repetitivas, un buen ejemplo es tener en cuenta la formación específica sobre hábitos posturales correctos dentro y fuera del trabajo. Se deben también practicar tablas de ejercicios físicos destinados a estirar y fortalecer la musculatura de la espalda, zona cervical y lumbar, hombros y extremidades superiores e inferiores.

6.2. Requisitos higiénicos generales de instalaciones y equipos para el planchado y arreglo de ropa

Las instalaciones y los equipos para el planchado y arreglo de ropa deben reunir las siguientes condiciones higiénicas generales.

- Suelos:

  — De materiales antideslizantes y de fácil limpieza y resistentes. Estarán dotados de sumideros y gozarán de la inclinación suficiente para facilitar la evacuación a través de ellos.

- Paredes:

  — Estas han de estar alicatadas hasta el techo, facilitando la limpieza y la acumulación de polvo, además de rebajar el índice de humedad ambiental.

- Techos:

  — Se recomienda que sean altos para evitar la acumulación de vapores y facilitar la circulación del aire, lo que creará un ambiente menos agobiante.

- Ventilación:

  — Es un factor importante. Si no se dispone de un recinto ventilado de forma natural, se deberán instalar sistemas de ventilación artificiales donde el flujo del aire vaya desde la zona limpia a la sucia.

- Iluminación:

  — Una buena iluminación es imprescindible para la realización óptima de los procesos en cualquiera de sus fases, además de tener puntos de luz concretos para zonas especiales, como sería el caso de costura, para que se realicen las tareas con mayor comodidad. Si la iluminación es natural a partir de huecos y ventanas apropiados, facilitarán también la renovación del aire y el mantenimiento de una temperatura de trabajo apropiada.

- Instalaciones eléctricas y de gas:

  — Estas instalaciones han de cumplir con la normativa vigente.

  — Las máquinas deberán estar aisladas para evitar riesgo de electrocución.

  — Potencia eléctrica suficiente para usar simultáneamente todos los aparatos.

Para que las instalaciones y equipos ofrezcan un aspecto agradable, además de cumplir con la normativa de seguridad y salud, deben ser revisadas para realizar las tareas de mantenimiento preventivo y asegurar así la durabilidad de las instalaciones y el buen uso de estas. Las tareas de mantenimiento estarán encaminadas a revisar:

- Las estructuras del establecimiento.

  — Techos, paredes, suelos. Se tomarán las medidas oportunas para reparar todo lo que se encuentre deteriorado.

- Los aislamientos de puertas y ventanas.

  — Se realizarán revisiones periódicas para evitar plagas, robos, inundaciones, etcétera.

- Las instalaciones eléctricas y los sistemas de evacuación.

  — Se detectarán las posibles anomalías o desperfectos en focos de luz, cuadros, interruptores, etcétera.

- La maquinaria.

  — Se comprobará que se aplican los sistemas de revisión periódica, comunicando a los técnicos inmediatamente en caso de detectar alguna anomalía.

- Los aparatos para medir y controlar los procesos.

  — En este grupo se incluyen los extractores, sistemas contra incendios, herramientas y menaje, garantizando que están en perfectas condiciones.

6.3. Salud e higiene personal

La higiene tiene por objeto la conservación de la salud. Hay que tener en cuenta que en una lavandería se manipula tanto ropa sucia como limpia, por lo que es muy importante la higiene personal cuando se pasa de la zona de sucio a la de limpio. Como principales funciones de prevención en materia de salud e higiene personal se establece:

- Conservar y mejorar la salud de las personas y las condiciones de trabajo.

- Eliminar las causas que pueden alterar la salud.

- Modificar malos hábitos.

- Estudiar las características del ambiente de trabajo.

- Detectar y controlar los agentes contaminantes que puedan encontrarse en el lugar de trabajo.

Además, debemos tener en cuenta la *higiene personal interior*, que son los cuidados personales de cada trabajador, ducha, pelo, uñas, lavarse las manos antes de ir a comer y después de ir al baño, no fumar y usar los equipos de protección adecuados para el puesto. Y la *higiene personal exterior*, que se refiere a la uniformidad (limpia y acorde al puesto a desempeñar) y utilización de calzado adecuado.

6.3.1. Factores

En las tareas que se desarrollan en la lavandería-lencería existen una serie de riesgos que afectan a la salud de los trabajadores. Los factores y condiciones que pueden afectar al trabajador son:

- Condiciones de seguridad:

  — Hacen referencia a las condiciones materiales que pueden provocar accidentes, golpes, caídas, atrapamientos, quemaduras, cortes, etc. Para controlar estos factores hay que supervisar máquinas y herramientas, instalaciones eléctricas, dimensiones de los locales, condiciones de almacenamiento. La seguridad en el trabajo es la encargada de estudiar estos factores y aportar las medidas de prevención para evitarlos.

- Factores de tipo químico, físico y biológico:

  — En estos factores incluimos la iluminación, el ruido, vibraciones, temperatura, humedad y otras sustancias presentes en el ambiente de trabajo cuyo contacto o inhalación puede provocar enfermedades profesionales. Es muy importante estudiar sus efectos, técnicas de evaluación de los riesgos y aplicar las medidas correctoras. Higiene industrial es la encargada de establecer las normas de prevención.

- Factores asociados a las características del trabajo:

  — Se refiere a los esfuerzos físicos:

    - Estáticos: posturas en el trabajo.

    - Dinámicos: levantamiento de carga.

    - Mentales: atención y fatiga.

  Para prevenir estos riesgos se realizan estudios ergonómicos.

- Factores relacionados con la organización del trabajo:

  — El clima laboral, la comunicación interna, los repartos de tareas, turnos y horarios pueden afectar al rendimiento del trabajador.

El objetivo de la seguridad e higiene en el trabajo es preservar la salud y la integridad física de los trabajadores. Para ello se establecen normas que proporcionen seguridad en el lugar de trabajo:

- Capacitar e instruir al trabajador para evitar enfermedades y accidentes laborales.

- Correcta utilización de los equipos de protección tanto individuales como colectivos.

- La rotación de turnos.

6.3.2. Medidas, materiales y aplicaciones

- Medidas preventivas en las tareas de plancha:

  — Las tareas realizadas en los puestos de lavandería pueden suponer un riesgo de trastornos músculo-esqueléticos causados, principalmente, por las posturas forzadas y repetitivas, como las tareas de planchado y doblado de ropa o el manejo de elementos pesados y voluminosos.

Para prevenir molestias y lesiones en espalda, brazos o piernas se deben seguir estas pautas:

— Siempre que sea posible, regular la altura de la mesa o tabla de planchado para que al planchar quede aproximadamente al nivel del ombligo.

— Intentar alternar de brazo durante el uso de la plancha manual.

— Deslizar la plancha sobre la mesa de planchado evitando mantenerla levantada.

— Si es posible, utilizar una banqueta o reposapiés (de una altura de 15-22 cm) para apoyar un pie. De esta forma, se podrá descansar de forma alterna las piernas y además ayudará a mantener la columna vertebral alineada.

• Medidas preventivas al realizar posturas forzadas al coger, doblar y colocar la ropa:

— Intentar no depositar la ropa a nivel del suelo para no tener que agacharse.

— Emplear una mesa o plataforma para apoyar las bolsas o sacos de ropa a una altura adecuada.

— Cuando se tenga que coger ropa del fondo de jaulas o contenedores, abrir las paredes laterales para acceder a su interior. Si no es posible, apoyar el brazo en el borde del contenedor, coger la ropa y volver a la posición erguida haciendo fuerza con la mano apoyada.

— Cuando se dobla la ropa manualmente, la altura de trabajo debería estar a nivel de los codos o ligeramente por debajo.

— Si se va a permanecer mucho tiempo de pie, se debe utilizar, cuando sea posible, una banqueta baja para apoyar de forma alternativa los pies, o bien una silla o taburete para descansar piernas y espalda.

— Si se debe colocar la ropa en estantes o casilleros elevados, utilizar un taburete o escalera. En los estantes bajos, flexiona las rodillas en lugar de doblar la espalda. La ropa más pesada debería colocarse en los niveles intermedios (a una altura entre los codos y las rodillas).

— No amontonar mucha ropa cuando se deba transportar manualmente. Colocarla en pilas más pequeñas para reducir el peso transportado.

• Normas higiénicas para mantener limpio y ordenado el lugar de trabajo:

— Tener tres espacios diferenciados y alejados de zonas que puedan ser origen de suciedad:

- Recepción y clasificación y en el caso de hospitales zona de esterilización.

- Área de lavado.

- Área de almacén.

- Separar la zona de ropa sucia con la zona de ropa limpia.

- Limpiar regularmente el recinto de trabajo.

- Mantener los lugares de paso despejados de objetos.

- Señalizar la zona donde se depositan los residuos.

- Al manipular ropa sucia:

- Protegerse las heridas.

- No comer ni fumar.

- Usar guantes de protección.

- Evitar exposición a temperaturas elevadas, rotando las tareas.

- Normas de prevención con la utilización de productos:

  — No fumar ni comer mientras se manipulan productos de limpieza.

  — Al trasvasar los productos de limpieza utilizar guantes y gafas.

  — Es muy importante para la persona que maneja productos reconocer mediante el etiquetado los riesgos que entraña el producto. Hasta ahora las etiquetas contaban con los pictogramas clásicos (negros sobre fondo naranja) que indicaban la peligrosidad del producto. La Comisión Europea ha publicado en abril del 2023 un Reglamento Delegado por el que se modifica el Reglamento CLP, que establece nuevas clases de peligro y nuevos criterios para la clasificación, el etiquetado

y el envasado de sustancias y mezclas. Con esta nueva y única simbología se mejora la identificación y el conocimiento de la peligrosidad de la sustancia o mezcla del producto, independientemente del país de producción o de fabricación.

- Prevención de riesgo ante contaminantes físicos:
  - En los lugares de trabajo deben hacerse mediciones de ruido periódicas y los trabajadores someterse periódicamente a audiometrías.

6.3.3. Heridas y su protección

En caso de producirse un accidente, en todos los establecimientos debe haber un botiquín.

En los instantes inmediatamente posteriores a un accidente es importante saber reaccionar de forma adecuada. La rápida actuación ante un accidente puede salvar la vida de una persona o evitar el empeoramiento de las posibles lesiones que padezca. Ante cualquier accidente, debe recordarse la palabra PAS, que está formada por las iniciales de las tres actuaciones clave para empezar a atender al accidentado:

- Proteger:
  - Antes de proceder, asegurarse que se está fuera de peligro.
- Avisar:
  - Al responsable o persona competente de la existencia del accidente.
- Socorrer:
  - Actuar sobre el accidentado, reconociendo sus signos vitales: conciencia, respiración y pulso. Mantener al herido en las mejores condiciones hasta que llegue la ayuda sanitaria.

Todo tipo de herida presenta peligro de infección y hemorragia. En el caso de heridas leves, como cortes, se debe lavar y desinfectar las manos con alcohol y esterilizarlos.

- Cortes y hemorragias:
  - En caso de pinchazo o corte accidental leve, lava inmediatamente la zona afectada con agua y jabón, desde el centro hacia fuera con una gasa, aclara y aplica un desinfectante. Colocar un apósito, aunque siempre que sea posible se dejará la herida al descubierto. Si es necesario, acude al servicio médico.

En caso de herida grave, se cubrirá rápidamente con un apósito y se avisará a emergencias.

Ante una hemorragia, hay que actuar deprisa y tratar de comprimirla. Si la *hemorragia es arterial*, tiene un aspecto brillante y la sangre sale con intermitencia. En este caso, la compresión deberá realizarse por encima de la herida. En cambio, si la *hemorragia es venosa*, la sangre tendrá un color rojo oscuro y saldrá lentamente sin intermitencias, realizando la compresión por debajo de la herida o parte más alejada del corazón.

- Fuego y quemaduras:
  — En ocasiones se olvidan prendas en las máquinas de planchado mientras se realizan otras tareas. Esto supone un alto riesgo de incendio y la posibilidad de sufrir asfixias, intoxicaciones por inhalación de humos y quemaduras.

  Para atenuar el dolor de las quemaduras leves, se dejará correr agua del grifo sobre ellas, antes de tocarla se deben lavar las manos. Si no se ha formado ampolla, se cubrirá con vaselina o algún producto similar y se tapará con varias compresas estériles una encima de otras ligeramente húmedas. Si se han formado ampollas, no se aplicarán pomadas y se tapará la herida para evitar que se infecte. Si la quemadura es mayor, se avisará a los servicios de emergencias.

- Quemaduras con sustancias químicas:
  — En caso de quemaduras por productos químicos, consultar las indicaciones específicas que aparecen en la etiqueta o ficha de seguridad del producto. Si es necesario, acudir al servicio médico.

  Si es un ojo el que ha sido quemado por una sustancia química, lavarlo con agua estéril o solución salina y cubrirlo con una compresa estéril. Acudir inmediatamente al médico.

- Estados de *shock:*
  — Es un cuadro que puede presentarse después de cualquier lesión grave, sea cual sea la causa.

  Las altas temperaturas y ambientes sofocantes suelen provocar estados de *shock* debido a lipotimias.

  Se colocará a la persona en el suelo boca arriba y con la cabeza lo más baja posible, situándolo en un lugar menos agobiante, abanicar y desabrochar la ropa para favorecer la respiración.

Descargas eléctricas:

- Cada segundo que la victima esté en contacto con el cable origen de la descarga, disminuye las posibilidades de salvar la vida.

- Este contacto debe romperse lo más rápidamente posible, desconectando el enchufe automático, accionando el interruptor general, quitando los plomos, etc.

- En caso de descarga, si no se puede cortar la corriente, no tocar directamente a la persona que la ha sufrido (en caso de contacto, utilizar guantes de goma). Aislarse del suelo, subirse a una silla, cajón o madera bien seca. Los metales y el agua son conductores de la electricidad. No tocar al accidentado hasta no estar totalmente seguros de que se ha cortado la corriente o la víctima ha interrumpido el contacto.

6.4. Medidas de prevención y protección

Conocer las causas de los accidentes de trabajo y de las enfermedades profesionales es el punto de partida de la prevención. Los accidentes de trabajo pueden deberse a causas materiales o a causas humanas.

- Causas materiales:

  — Maquinaria y utillaje.

    - Materiales de trabajo no adaptados a las necesidades de los trabajadores.

    - Protección insuficiente contra máquinas peligrosas.

    - Desgaste anormal de utillaje o defectos de mantenimiento.

  — Materiales usados.

    - Productos peligrosos por su forma.

    - Productos con los que se debe trabajar a altas temperaturas.

    - Productos explosivos o inflamables.

    - Productos tóxicos.

  — Fuentes de energía.

    - Combustión.

- Energía eléctrica.

- Aire comprimido o vapor.

- Causas humanas debidas al estado fisiológico de las personas y a su comportamiento mental y emocional:

  — Enfermedad.

    - Problemas de visión, audición y de percepción y reacción ante un peligro.

  — Fatiga.

    - Disminuye la agudeza de los sentidos y la capacidad de atención, provocando imprecisión y lentitud.

  — Edad.

    - A mayor edad, mayor experiencia y menor probabilidad de sufrir accidentes.

  — El nerviosismo, las preocupaciones, el temor y la depresión suelen ser causa de accidentes de trabajo.

6.4.1. En el taller de planchado y costura

- Golpes, resbalones y caídas:

  — El desorden, la presencia de materiales fuera de su sitio o en las zonas de paso, la suciedad en el suelo, etc., son origen de accidentes, como resbalones, golpes o choques.

  — Orden:

    - No dejar los carros o bolsas de ropa en las zonas de paso.

    - Mantener los productos de lavandería, como detergentes, y la ropa en el lugar asignado para su almacenamiento.

    - Mantener las puertas de las lavadoras y secadoras cerradas.

  — Limpieza:

    - Eliminar el agua que se condensa en el suelo, así como el derrame de cualquier líquido o sustancia que caiga al mismo.

    - Utilizar calzado que sujete bien el pie y provisto de suela antideslizante, evitando el uso de zuecos u otro calzado abierto.

- Apilar de forma ordenada y estable las diferentes piezas de ropa en las estanterías.

- No sobrecargar las baldas.

- Reservar las baldas intermedias e inferiores para las piezas más voluminosas como ropa de cama o toallas.

- Comunicar cualquier defecto en la estabilidad o resistencia de las estanterías o casilleros.

- Evitar el tendido de cables por el suelo.

- Sobreesfuerzos y posturas inadecuadas:

— Las tareas realizadas en los puestos de lavandería pueden suponer un riesgo de trastornos músculo-esqueléticos causados por los movimientos repetitivos que implican las tareas de planchado y doblado de ropa, así como el manejo de elementos pesados y voluminosos. Para prevenir molestias y lesiones en espalda, brazos o piernas, se deben seguir estas pautas:

  - Emplear adecuadamente los equipos de trabajo disponibles: un uso adecuado de los útiles de trabajo y equipos auxiliares ayudará a prevenir el riesgo de lesiones músculo-esqueléticas.

  - Mantener los útiles de trabajo en buen estado a fin de reducir el nivel de fuerza necesario para su uso, como por ejemplo la suela de la plancha manual, etcétera.

  - Utilizar los carritos de transporte cuando el peso o volumen a transportar sea elevado.

  - Revisar periódicamente que las ruedas de los carros estén libres de hilos, pelusas, etcétera.

  - Usar ropa holgada y transpirable, que permita un movimiento libre. No llevar objetos punzantes en los bolsillos ni adornos.

  - El calzado debe ser cerrado y sujetar firmemente el pie.

  - Cuando sea necesario usar guantes, asegurarse que son de la talla para tener un agarre óptimo y mayor confort.

— Una postura mantenida o la realización de una misma tarea repetitiva durante largo tiempo pueden ser perjudiciales para la salud. Para evitar la acumulación de fatiga y prevenir trastornos músculo-esqueléticos, seguir los siguientes consejos:

- Cuando sea posible, alterna tareas donde las posturas o movimientos sean diferentes.

- Siempre que se pueda, alternar el uso del brazo derecho e izquierdo para distribuir el trabajo muscular entre ambas extremidades.

- Realizar pequeñas pausas cada hora u hora y media, donde puedas aprovechar para realizar ejercicios de estiramiento de hombros, brazos y piernas.

— En el taller de costura, la posición ha de ser cómoda, sentarse frente a la máquina de coser perpendicularmente al cabezal, espalda apoyada en el respaldo de la silla en posición vertical a la altura de la zona lumbar. En el pedal los pies deben colocarse separados el derecho delante y el izquierdo un poco separado, el calzado debe ser cómodo y de tacón bajo.

Actuar sobre la altura de la máquina de coser en función de la estatura de la persona que la use, para favorecer la posición de la pierna y de la espalda mientras se trabaja. Por ejemplo, aumentar la altura de la mesa permite disminuir el ángulo de flexión del cuello y de la espalda de la persona que tenga una altura superior a la prevista para los usuarios de las máquinas.

Para evitar riesgos se diseñará el puesto de trabajo (mesas, sillas…) teniendo en cuenta las características de las personas que conforman el departamento y la actividad que van a realizar. Esto facilitará que el trabajo se realice con comodidad y permitirá los cambios de posturas y los descansos.

Las sillas para la costura han de tener las dimensiones adecuadas para cada puesto de trabajo y que puedan ajustarse a la talla de cada personal. Las prestaciones que deben ofrecer son las siguientes: ser regulable con respecto a la altura (lo ideal es que los muslos queden en posición horizontal, con los pies planos en el suelo), disponer de un asiento giratorio que no sea de material rígido y de un respaldo regulable, que es conveniente que llegue, como mínimo, hasta la parte media de la espalda para proteger la curvatura de la columna vertebral en la zona lumbar. Las sillas han de ser estables, con ruedas y que se puedan desplazar con facilidad.

Utilizaremos herramientas manuales de diseño ergonómico que cuando se sujeten permitan que la muñeca permanezca recta con el antebrazo.

- Exposición a agentes biológicos:

  — El contacto con la ropa de los pacientes o residentes puede ser causa de infecciones, al contener posibles fluidos corporales.

  — Utilizar guantes de látex y mascarilla durante la recepción y clasificación de la ropa sucia de los usuarios o personal del centro, así como al introducirla en la lavadora.

  — Manipular la ropa sucia con precaución por si hubiera algún objeto corto punzante (agujas, jeringas…).

  — Extremar la higiene personal.

    - Lavarse las manos antes de comer, beber o fumar, al finalizar la jornada, y siempre que las manos puedan estar en contacto con la cara.

    - No comer o beber fuera de las dependencias habilitadas especialmente a tal efecto.

  — Es importante mantener una buena hidratación de las manos para protegernos de microorganismos infecciosos que puedan entrar a través de la piel.

- Cortes, pinchazos y quemaduras:

  — La generación de vapor, el calentamiento de las superficies accesibles de las lavadoras o secadoras y el posible contacto con las planchas pueden producir quemaduras.

  — Plancha o calandria:

    - Evitar el contacto directo con los rodillos o superficies calientes de las máquinas.

    - Respetar la señal de contacto térmico.

  — Plancha manual:

    - Apoyar la plancha en la zona indicada y en la posición correcta. Cuando se deba manipular las prendas de ropa o realizar otras acciones, asegúrate de que está estable para evitar su caída.

    - Nunca dirigir la salida de vapor hacia uno mismo o hacia otras personas.

    - Apagar la plancha cuando no se use y desconectarla de la red al finalizar la tarea de planchado.

- Exposición a temperaturas elevadas:

  — El trabajo próximo a fuentes de calor, como las planchas o secadoras, el ambiente húmedo, así como el ritmo de trabajo pueden llegar a originar alteraciones en el organismo como desmayos.

  — Procurar beber agua frecuentemente para evitar la deshidratación.

  — En la medida de lo posible, organizar el trabajo de manera que se alternen tareas de mayor ritmo con otras más pausadas.

  — Activar los sistemas de ventilación o abrir las ventanas de la lavandería para refrescar el ambiente.

- Riesgos asociados a los factores organizativos del trabajo:

  — Los trabajos de lavandería-lencería pueden conllevar en ocasiones monotonía, ritmos de trabajo intensos, horarios irregulares, etc., que pueden afectar a la salud psíquica de las personas.

  Para prevenir estos riesgos, aplica los siguientes consejos generales:

  — Programar el trabajo diario de forma que se intercalen tareas monótonas con otras más dinámicas, o que impliquen diferente ritmo de trabajo.

  — Solicitar al responsable del centro toda la información necesaria para poder organizar correctamente las tareas a realizar, evitando así prisas innecesarias.

  — Distribuir, en la medida de lo posible, las pausas a lo largo de la jornada.

  — Utilizar los canales de comunicación y participación establecidos.

  — Dentro de lo posible, intentar respetar las horas de sueño, comidas y actividades de ocio.

  — Procurar dormir alrededor de 7-8 horas diarias para facilitar la recuperación física y mental.

  — En la medida de lo posible, respetar la ingesta de tres comidas al día, manteniendo unos horarios regulares.

  — Seguir una dieta equilibrada basada en una alimentación variada con abundantes verduras, frutas y también cereales, legumbres y productos lácteos, incluyendo pescados y carnes con poca grasa.

  — En el horario nocturno, evita abusar del consumo de café, refrescos con cafeína, tabaco u otros excitantes, así como alimentarte habitualmente de comidas frías o muy calóricas.

— Planificar el trabajo teniendo en cuenta la posibilidad de que presenten imprevistos que impliquen alargar la jornada laboral o realizar horas extras.

— Establecer pausas periódicas, preferiblemente cortas y frecuentes que permitan recuperar las tensiones y descansar.

— Favorecer la alternancia o el cambio de tareas para conseguir que se utilicen diferentes grupos musculares del cuerpo y, al mismo tiempo, se disminuya la monotonía en el trabajo.

• Riesgos eléctricos:

— Alejar los cables y conexiones de los lugares de paso.

— Recubrir las partes en tensión con material aislante.

— Utilizar tensiones inferiores a 25 W.

— Para evitar contactos indirectos:

  - Toma de tierra. Al producirse un contacto eléctrico, desvía gran parte de la corriente eléctrica que pasaría a través del cuerpo del trabajador.

  - Interruptor diferencial. Corta la corriente casi al mismo momento de producirse una corriente de derivación.

6.4.2. En utilización de maquinaria, equipos y utensilios de planchado y costura

Para evitar riesgos en la utilización de maquinaria, equipos y utensilios de planchado y costura, deben seguirse las instrucciones de instalación correctamente, teniendo a disposición del operario las instrucciones sobre el uso y manejo de las mismas. No deben manipularse los elementos internos de las máquinas ni poner fuera de funcionamiento los dispositivos de seguridad existentes. Hay que estar seguro de que las máquinas han pasado sus revisiones periódicas.

Deben respetarse las normas de prevención de riesgos con el uso de máquinas:

• No manipular la máquina hasta que no esté desconectada.

• Limpieza y mantenimiento con las máquinas desconectadas.

• Uniformes acordes al uso de las máquinas para evitar que se enganchen en las máquinas, al igual que el pelo suelto o llevar pulseras y anillos.

• En las calandrias debe haber protecciones para los dedos en las líneas de unión del rodillo planchador delantero. La protección sujeta con muelles no debe quitarse bajo ningún concepto.

- Comprobar los distintivos de seguridad de las prendas.
- Las prensas de planchado deben disponer de sistemas de seguridad.

Para evitar los riesgos por electrocución, se deberían tener en cuenta:

- Cualquier equipo eléctrico enchufado a la red puede suponer un riesgo de contacto eléctrico e incendio, incrementándose el riesgo en presencia de humedad.
  - Desconectar los equipos eléctricos de la red antes de limpiarlos.
  - No limpiar con trapos húmedos, líquidos o espráis un equipo que no se encuentre desconectado de la corriente.
  - Evitar pasar trapos mojados o fregonas sobre enchufes conectados.
  - No manipular interruptores de luz, enchufes, ni aparatos eléctricos con las manos mojadas.
  - En caso de incendio de un equipo eléctrico, no apagarlo con agua, ya que existe riesgo de electrocución.
  - Antes de utilizar cualquier equipo eléctrico de lavandería, revisa su estado, especialmente el aislamiento de sus cables de alimentación, conexiones y carcasa.
  - Evitar que los cables de alimentación del equipo se pisen o se apoyen sobre aristas vivas.
  - No intentar realizar ninguna reparación provisional en los aparatos, como empalmes en los cables.
  - En caso de detectar un defecto, comunicarlo.
  - No tirar nunca del cable para desconectar los equipos eléctricos de la toma de corriente, se debe hacer desde la clavija de enchufe. Antes de desenchufar, apaga el equipo.
  - No conectar equipos o aparatos a tomas de corriente que presenten defectos y no sobrecargar los enchufes.
  - No conectar cables desnudos directamente en las tomas de corriente.
  - Ningún trabajador realizará trabajos eléctricos sin estar capacitado y autorizado.
  - Utilizar equipos de protección individual certificados.
  - En zonas mojadas o metálicas se utilizaran aparatos de bajo voltaje y portátiles.
  - Vigilar siempre que el entorno sea seguro.

6.5. Equipamiento personal de seguridad

Los equipos de protección individual están destinados a proteger los trabajadores de uno o varios riesgos que puedan amenazar su seguridad y su salud, así como cualquier complemento o accesorio destinado a este fin.

Los EPI y la ropa de trabajo deberán satisfacer, al menos, los siguientes requisitos:

- Deben dar una protección adecuada a los riesgos para los que van a proteger, sin constituir, por sí mismos, un riesgo adicional.

- Deben ser razonablemente cómodos, ajustarse y no interferir indebidamente con el movimiento del usuario, en definitiva, tener en cuenta las exigencias ergonómicas y de salud del trabajador.

Las empresas se tienen que hacer responsables de dar al trabajador los equipos necesarios adaptados a las tareas que realizan los trabajadores. Por otra parte, también los trabajadores tienen la responsabilidad de velar por su salud y la de sus compañeros utilizando estos equipos y respetando sus normas de utilización.

6.5.1. Prendas de protección: tipos, adecuación y normativa

Los guantes:

- Son necesarios cuando existen riesgos químicos o térmicos (productos líquidos calientes).

La ropa de trabajo:

- No siempre se trata de una ropa de trabajo ordinaria o de un simple uniforme, además está destinada a proteger contra salpicaduras y manchas.

El calzado de seguridad:

- Los zapatos, botas o medias botas de seguridad son necesarios cuando hay que proteger sus pies o sus piernas, riesgos de caídas de objetos, choques, resbalones, etc.

Las gafas:

- La utilización de gafas es necesaria siempre que se vaya a efectuar un trabajo que entrañe un riesgo de proyección de productos químicos en los ojos.

La mascarilla:

- Es necesaria cuando vaya a protegerse de sustancias peligrosas eventualmente contenidas en el aire que se respira.

ACTIVIDADES DE REPASO Y AUTOEVALUACIÓN

6.1. De las siguientes afirmaciones, señala la correcta:

a. Para evitar riesgos, el trabajador debe reconocerlos y la empresa es la responsable de comunicárselo y ofrecer el material necesario para su prevención.

b. Para evitar riesgos, la empresa debe reconocerlos y el trabajador adquirir el material necesario para su prevención.

c. Para evitar riesgos, el trabajador evitará realizar tareas específicas, siendo la empresa las que ha de realizarlas.

6.2. ¿Qué condiciones mínimas higiénicas han de reunir los suelos en la lencería?

_____

_____

_____

_____

6.3. ¿A qué nos referimos cuando hablamos de higiene personal exterior?

_____

_____

_____

_____

6.4. ¿A qué factores hacen referencia las condiciones de seguridad?

_____

_____

_____

_____

6.5. ¿Cuál es el objetivo de la seguridad e higiene en el trabajo?

_____

_____

_____

_____

6.6. Nombra al menos dos medidas preventivas que debemos adoptar al realizar la tarea de doblado de ropa.

_____

_____

6.7. ¿Cómo se debe sentar el trabajador cuando va a realizar tareas de costura?

_____

_____

6.8. Los equipos de protección individual están destinados a proteger los trabajadores de uno o varios riesgos que puedan amenazar su seguridad y su salud. ¿Podrías localizar en esta sopa de letras algunos de los más habituales?

E	Q	A	E	Q	M	U	A	F	N	W	N	P	E
Q	C	H	G	U	A	N	T	E	S	C	U	Q	M
U	O	M	P	K	N	I	M	F	Z	D	S	X	X
O	Y	N	J	Q	E	F	W	E	O	F	Y	M	R
Q	K	R	Q	E	X	O	S	R	I	G	O	A	B
Q	C	C	Q	B	V	R	E	V	I	N	C	S	N
S	R	W	G	K	D	M	A	Z	M	U	C	C	X
W	J	W	A	F	N	E	N	N	H	M	A	A	R
J	V	C	F	C	Z	H	A	X	W	K	L	R	X
D	C	F	A	Y	A	A	Y	V	Q	Q	Z	I	X
B	C	N	S	R	F	S	R	P	I	M	A	L	X
A	W	Y	D	G	R	N	C	N	A	O	D	L	U
H	P	P	B	O	T	A	S	O	E	H	O	A	E
T	R	V	S	G	I	T	D	W	I	S	G	F	K

6.9. ¿Qué es el EPI?

_____

_____

6.10. Nombra tres medidas que se deben adoptar para evitar riesgos por electrocución.

_____

_____

_____

_____

6.11. Conocer las causas de los accidentes de trabajo y de las enfermedades profesionales es el punto de partida de la prevención. Teniendo en cuenta una palabra para cada una de las nueve definiciones, localiza la palabra oculta tras el crucigrama.

1. Hay que comprobar que está en perfecto estado y con todos sus peldaños.

2. Nos puede pasar si dejamos el suelo mojado.

3. Debemos utilizarlas cuando vayamos a efectuar un trasvase de productos.

4. Debemos ponerlos cuando trabajemos con ropa sucia.

5. Para evitar_____evitaremos manejar cargas muy pesadas.

6. La_____provoca una disminución de la atención.

7. Podemos sufrir una _____si los cables están pelados o en mal estado.

8. Debemos conocer las _____para evitar riesgos.

9. Si manejamos productos químicos sin guantes, podemos sufrir_____.

Glosario de términos

Acero inoxidable	Aleación de acero y cromo, níquel... Especialmente resistente a la corrosión.
Acetato	Material resultante de la acción del ácido acético sobre la celulosa de algodón.
Alicatado	Revestir un suelo o una pared con azulejos.
Apresto	Tratamiento que sirve para dar consistencia a los tejidos.
Bobinadora	Parte de la máquina de coser que sirve para enrollar el hilo.
Buje	Elemento de la máquina donde se apoya y gira el eje.
Canesú	Parte superior de una prenda de vestir, a la que se le juntan el cuello y las mangas.
Centrifugar	Es el proceso de hacer girar el tambor de la lavadora a mayor velocidad que en un programa de lavado para favorecer la expulsión de restos de agua de las prendas hacia las paredes del tambor.
Cofia	Prenda para cubrir la cabeza.
Consumo energético	Se refiere a la cantidad total de energía que se necesita para un proceso determinado y se mide en kilovatios hora (kWh).
Cotejar	Comparar y examinar algo para apreciar sus diferencias o semejanzas.

Cualificación profesional	Describe un conjunto de estándares de competencia con significación para el empleo que puede ser adquirida por formación modular o a través de la experiencia profesional. RD 1128/2003, de 5 de septiembre.
Deontología profesional	Hace referencia al conjunto de principios y reglas éticas que regulan y guían una actividad profesional. Son en definitiva los deberes mínimos exigibles para el desempeño de una actividad.
Departamento	Los establecimientos de alojamiento tienen en su interior varias unidades organizativas que se encargan de realizar una serie de actividades concretas para lograr en conjunto los objetivos de la entidad hotelera.
Devanar	Enrollar un hilo alrededor de un eje formado por un ovillo o madeja.
Disolvente	En la limpieza en seco es cualquier proceso de limpieza de textiles que utiliza un disolvente distinto al agua.
Durabilidad	Aspecto importante de la calidad de la tela, la resistencia a la abrasión y a la tensión.
Elastano	Fibra sintética conocida por su gran elasticidad y resistencia.
Electricidad estática	Se refiere a la acumulación de un exceso de carga eléctrica (positivas o negativas) en un material conductor o aislante.
Embozo	Doblez que se le hace a la sábana superior de la cama por la parte de la cabecera.
Enhebrar	Pasar una hebra de hilo por el ojo de una aguja de coser.
Fajines	Tira de tela que se lleva alrededor de la cintura.
Fatiga	Falta de energía y motivación. Respuesta normal al esfuerzo físico, al estrés emocional…
Fibra textil	Conjunto de filamentos o hebras susceptibles a ser usados para hacer hilo y sirve para la fabricación de diversos tipos de tejidos.

Fibras celulósicas	Es una fibra artificial procedente de la pulpa de la madera.
Frecuencia de cambio	Corresponde al número de veces que se cambia durante la semana una prenda del conjunto de ropa de cama y baño de la habitación.
Frisado	Es un defecto que aparece sobre la superficie del tejido caracterizado por la formación de pequeñas fibras enredadas (nudos o bolitas). En ingles *pilling*.
Hidrófugo	(adjetivo) Que evita la humedad y las filtraciones de agua.
Ignífugo	Que rechaza la combustión y protege contra el fuego.
Impermeabilidad	Característica de la prenda para rechazar el agua sin dejarse atravesar por ella.
Lito	Paño blanco utilizado por los camareros para servir los platos a los comensales, evita el calor del plato o limpia posibles imperfecciones antes de servirlo.
Llegadas previstas	Son habitaciones que se prevé que vayan a ser ocupadas por clientes.
Longitudinal	Al coser, generalmente cortamos la tela a lo largo de los hilos de urdimbre. Se mantiene el patrón a lo largo para que su longitud caiga de esa manera.
Módulo formativo	Parte de la cualificación, asociada a cada unidad de competencia. Constituye un bloque de especificaciones de la formación que se utilizan de referente para el diseño de los títulos de formación profesional.
Muletón	Tela protectora para la superficie de la mesa, evita que se produzcan ruidos durante el servicio, rotura de cristalería y absorbe los posibles líquidos derramados.
Nomex	Fibra resistente al calor y a las llamas.
Office	Recinto situado cerca de las habitaciones del establecimiento que sirve de base de operaciones para el trabajo del personal del departamento de pisos.
Oleofílico	Material que absorbe aceites animales, minerales y vegetales.

Organización funcional	Es el tipo de estructura organizacional que tiene como base el proceso de especialización del trabajo.
Pecherines	Es la parte de la prenda que cubre el pecho.
Pernio	Son herrajes compuestos por dos alas unidas a un eje común cuyo fin es posibilitar la apertura y cierre de dos tableros.
Pictogramas	Imagen adosada a una etiqueta que incluye un símbolo de advertencia y colores específicos con el fin de transmitir información sobre el daño que una sustancia o mezcla pueda provocar a la salud o al medio ambiente. Estos son conformes al sistema globalmente armonizado de las naciones unidas.
Polímero	Compuesto químico, natural o sintético, formado por polimerización y que consiste esencialmente en unidades estructurales repetidas.
Poliuretano	Material plástico que se presenta en varias formas y que puede fabricarse para que sea rígido o flexible.
Polivalente	Que tiene varias funciones o puede desempeñar varias funciones.
Prelavado	Proceso en el que la lavadora utiliza una cantidad mayor de agua para hacer un lavado rápido de ropa y posteriormente comenzar con el programa seleccionado.
Presupuesto	Nos anticipa la rentabilidad del departamento durante un determinado periodo de tiempo. De esta manera, es posible fijar unos objetivos.
Previsión de ocupación	Es un indicador que muestra el número de habitaciones vendidas en comparación con el número total de habitaciones disponibles.
Producto textil	Todos aquellos que estén compuestos exclusivamente por fibras textiles, cualquiera que sea el proceso seguido para su mezcla y obtención.
Programa de lavado	Son los ciclos de lavado de los que disponen las lavadoras para seleccionar el programa más adecuado para cada tipo de prenda.

Recepción	Es el departamento encargado de reservar los servicios solicitados, atender a los clientes que se alojan, cargar los servicios consumidos y cobrarle a su salida.
Rendimiento	Relación que existe entre lo producido y los medios empleados, tales como mano de obra, energía, materiales…
Salidas	Son aquellas habitaciones en las que sus clientes han finalizado su estancia.
Sumidero	Conducto o canal subterráneo por donde van las aguas.
Tejido de tricot	O tejido de punto de urdimbre; es una familia de métodos de tejer en el que el hilo zigzaguea a lo largo de la longitud de la tela.
Temperatura	Magnitud física que expresa el grado de frío o calor de los cuerpos o del ambiente, y cuya unidad en el sistema internacional es el kelvin (k).
Termo fijado	Fijar la entretela al tejido por medio de calor.
Tintabilidad	Que al tejido se le puede aplicar color de forma permanente.
Toppers	Colchón fino y acolchado que se coloca sobre el colchón principal para mejorar la comodidad y protegerlo.
Trasversal	El corte de tela a través de los hilos de trama a lo ancho; la tela tiene algo de estiramiento a lo largo de estos hilos.
Tupido	El tejido que tiene sus elementos muy juntos o apretados.
Unidad de competencia	Parte de la calificación que describe el conjunto mínimo de competencias profesionales, susceptible de reconocimiento y acreditación parcial.